70 recettes
simplissimes

70 recettes
simplissimes

EDITIONS ATLAS

Édité par :
Éditions Glénat

Services éditoriaux et commerciaux :
Éditions Glénat – 39, rue du Gouverneur-Général-Éboué
92130 Issy-les-Moulineaux

Cet ouvrage est une édition partielle de l'encyclopédie « Recettes des copains » publiée par les Éditions Atlas, œuvre collective à laquelle ont contribué Emmanuelle Naddeo, directrice de collection et auteur; Estelle Ditta, Christine Serbource, auteurs.

Crédits photographiques
Couverture : Nikouline/Sucré Salé.
Intérieur : Philippe Exbrayat excepté pour les pages 8 : Japy/Sucré Salé ; 46 : Roulier/Turiot/Sucré Salé ; 84 : Food & Drink/Sucré Salé ; 122 : Leduc/Sucré Salé.

Prépresse et fabrication : Glénat Production
Achevé d'imprimer en décembre 2010 en U.E.
Le papier utilisé pour la réalisation de ce livre provient de forêts gérées de manière durable.
Dépôt légal : avril 2010
ISBN : 978-2-7234-7620-1

› Introduction

Passer un après midi à cuisiner n'est pas toujours facile. Et pourtant quelle joie de se retrouver entre amis autour d'une bonne et joyeuse table ! Avec cet ouvrage, fini les longues heures aux fourneaux, les recettes compliquées au résultat pas toujours convaincant. Concombre au yaourt et au miel, salade frisée aux poires et au bleu, cabillaud au beurre d'orange, brochettes de lotte à la coppa, chili con carne express, suprêmes de volailles aux morilles, crumble aux pêches et aux amandes, cookies au chocolat au lait ou encore tatin de poires aux épices, voici des recettes faciles, rapides et inratables pour satisfaire toutes les envies et tous les gourmands !

L'éditeur

› Sommaire

Entrées chaudes et froides

Boulettes de chèvre cacahuètes *et herbes*

Ingrédients
(pour 15 boulettes)

- 4 barquettes de chèvre frais
- 100 g de cacahuètes non salées
- 1 cuillère à soupe de paprika
- 2 cuillères à soupe de raisins secs
- mélange d'herbes surgelées (persil, cerfeuil, ciboulette...)
- sel, poivre
- piques en bois

1 Commencez par faire gonfler les raisins dans un bol d'eau tiède pendant une bonne dizaine de minutes.

2 Pendant ce temps, mixez les cacahuètes et faites-les revenir dans une poêle antiadhésive à sec, sans ajouter de matière grasse.

3 Essuyez soigneusement les raisins avec du papier absorbant. Mettez-les dans une assiette avec les cacahuètes concassées et grillées, et le paprika. Salez et poivrez.

4 À la main, confectionnez des petites boules de chèvre d'une valeur de 1 cuillerée à soupe chacune. Tapissez le fond d'une autre assiette avec les herbes.

5 Roulez la moitié des boulettes dans le mélange aux cacahuètes et l'autre moitié dans le mélange d'herbes. Piquez les boulettes de piques en bois et réservez-les au frais 1 heure avant de servir.

› Accompagnement

Servez avec une salade verte et une cuillerée de confiture de fruits rouges.

Préparation : 10 minutes | *Pas de cuisson* | *Réalisation : facile* | *Coût : bon marché*

Les fromages frais, de type Chavroux ou Petit Billy, se laissent arrondir en boulettes croquantes, sucrées ou salées pour notre plus grand régal, et ce dès les premières journées de chaleur.

› Ma variante

Vous pouvez remplacer les cacahuètes par des pignons de pin, des noix, des pistaches, des graines de sésame ou des amandes que vous concasserez. complète.

Bruschetta *à la niçoise*

Ingrédients
(pour 24 bruschettas)

1 baguette

2 gousses d'ail

12 feuilles de sauge

80 g de marmelade d'oignons

12 tomates séchées en bocal

1 cuillère à café de câpres égouttées

1/2 oignon

1/4 de branche de céleri

1 tomate, 6 olives noires

40 g de thon

2 filets d'anchois

5 cuillères à soupe d'huile d'olive

1/2 jus de citron

sel, poivre

1 Découpez la baguette en tranches de 1 cm d'épaisseur. Pelez les gousses d'ail et pilez-les. Dans un bol, mélangez 4 cuillerées à soupe d'huile d'olive avec les gousses d'ail. Salez et poivrez.

2 Faites griller les tranches de pain sous le gril du four pendant quelques instants. Versez un filet d'huile aillée sur chaque tranche. Réservez-les.

3 Versez dans une poêle la dernière cuillerée d'huile d'olive et faites frire rapidement les feuilles de sauge. Égouttez-les sur du papier absorbant. Tartinez 12 tranches de marmelade d'oignons.

4 Égouttez les tomates. Décorez avec 1 quartier de tomate séchée et 1 feuille de sauge, réservez. Coupez la tomate et le céleri en petits dés. Dans un bol, mélangez les câpres et les olives.

5 Ajoutez les tomates, le céleri, le thon égoutté et émietté et les anchois grossièrement hachés. Arrosez de citron, salez, poivrez, remuez et étalez sur les tranches de pain qui restent.

› Accompagnement

Servez avec un assortiment d'olives.

Préparation : 20 minutes | *Cuisson : 10 minutes* | *Réalisation : facile* | *Coût : bon marché*

Une tranche de pain grillée frottée à l'ail et assaisonnée d'huile d'olive sur laquelle on dispose toutes sortes de garnitures. Pensez-y pour l'apéritif, c'est simple et délicieux.

› Ma variante

Si vous n'avez pas de baguette, prenez des blinis, des tranches de pain de campagne ou de pain de mie coupées en quatre, vous vous rapprocherez plus des recettes traditionnelles de canapés.

Cake au gouda, jambon de pays *et cumin*

Ingrédients
(pour 4 personnes)

180 g de farine

4 œufs

10 cl de lait

1 sachet de levure

1 boîte de tomates concassées

140 g de gouda

3 tranches de jambon

1 cuillère à soupe d'huile

1 cuillère à soupe de moutarde

1 cuillère à soupe de cumin

1 Préchauffez le four à 180 °C (th. 6). Beurrez généreusement un moule à cake. Coupez le gouda en petits dés.

2 Retirez le gras des tranches de jambon et coupez-les d'abord en lamelles, puis en petits dés.

3 Dans un saladier, battez les œufs, versez par-dessus la farine, la levure, le lait et l'huile. Remuez bien l'ensemble.

4 Éliminez l'excès de jus des tomates, versez-les dans le saladier, avec la moutarde, les dés de jambon, le gouda et les graines de cumin.

5 Versez la préparation dans le moule et enfournez 30 minutes. Le cake est cuit lorsque la pointe d'un couteau en ressort sèche.

› Mon astuce

Si vous voulez un cake très moelleux, prenez du lait entier, de la farine tamisée pour éviter les grumeaux, de l'huile d'olive pour un goût plus prononcé, ou de l'huile de tournesol, au goût plus neutre.

Pensez aux cakes salés pour un apéritif improvisé ou un dîner à la bonne franquette entre amis ou en famille.

› Ma variante

Pour une présentation plus sophistiquée, optez pour des moules individuels en silicone.

Cake aux courgettes, lardons *et chèvre*

Ingrédients
(pour 4 personnes)

150 g de farine

1 sachet de levure

3 œufs

12 cl de lait

2 courgettes

1 gousse d'ail

100 g de comté râpé

1 bûche de chèvre

100 g de lardons fumés

4 cuillères à soupe d'huile

sel, poivre

1 Préchauffez le four à 180 °C (th. 6). Pelez la gousse d'ail, dégermez-la et écrasez-la au presse-ail. Lavez les courgettes et coupez-les en petits cubes.

2 Versez 1 cuillerée à soupe d'huile dans une poêle à revêtement antiadhésif. Faites-y revenir les courgettes avec l'ail pendant 10 minutes en remuant. Ajoutez les lardons à mi-cuisson.

3 Dans un saladier, fouettez les œufs avec la farine et la levure. Ajoutez le lait et l'huile et amalgamez. Incorporez enfin le comté râpé.

4 Coupez le chèvre en petits cubes. Ajoutez à la préparation le chèvre et le mélange de courgettes et de lardons égouttés. Salez et poivrez.

5 Beurrez un moule à cake. Versez-y la préparation. Enfournez pendant 35 minutes, puis laissez refroidir 5 minutes avant de démouler.

› Mon marché

Choisissez des courgettes de taille moyenne ou petite (quitte à en prendre trois), elles seront plus douces et moins gorgées d'eau. Leur peau doit être brillante et d'un vert foncé uniforme.

Préparation : 20 minutes | *Cuisson : 45 minutes* | *Réalisation : facile* | *Coût : bon marché*

Ce cake très goûteux sera apprécié pour son mélange de saveurs, de lard fumé, de chèvre frais et de courgettes grillées. Vous pouvez le déguster tiède ou froid en toutes circonstances.

› Mon astuce

Pour ce cake, utilisez une huile légère, comme l'huile de tournesol ou une huile à base d'un mélange de plusieurs huiles.N'oubliez pas de retirer la croûte du fromage. Il est recommandé d'égoutter les courgettes et les lardons sur du papier absorbant avant de les incorporer à la préparation.

Cake pruneaux *et lardons*

Ingrédients
(pour 4 personnes)

- 200 g de farine
- 3 œufs
- 1 sachet de levure
- 200 g d'allumettes de lard fumé
- 1 dl d'huile
- 1 dl de lait
- 14 pruneaux dénoyautés
- 100 g de gruyère râpé
- 20 g de beurre
- sel, poivre

1 Dans une poêle, faites dorer les allumettes de lard sans ajout de matière grasse. Puis égouttez-les sur du papier absorbant.

2 Coupez grossièrement les pruneaux en dés. Saupoudrez de farine les pruneaux et les lardons. Réservez. Beurrez un moule à cake et préchauffez le four à 180 °C (th. 6).

3 Dans un saladier, cassez les œufs et battez-les en omelette à part, mélangez la farine avec la levure et incorporez-les aux œufs. Mélangez.

4 Versez peu à peu l'huile et le lait, le gruyère râpé, continuez de remuer. Salez et poivrez. Enfin ajoutez les lardons et les pruneaux.

5 Versez la préparation dans le moule et faites cuire 45 minutes. Le cake est cuit lorsque la pointe d'un couteau ressort sèche. Laissez tiédir avant de démouler et de couper.

› Ma variante

Toutes sortes d'associations sont possibles avec les pruneaux. Pensez aux lardons-pruneaux-pignons, lardons-olives, tomates séchées-lardons, courgettes-lardons-chèvre.

Préparation : 20 minutes | *Cuisson : 40 minutes* | *Réalisation : facile* | *Coût : bon marché*

Un cake très savoureux où sont associées saveurs sucrées et salées. Il conviendra aussi bien sur un buffet que coupé en dés lors d'un apéritif.

› Mon astuce

Vous pouvez aussi faire cuire les cakes dans une plaque souple flexipan de moules à cakes individuels.

Carpaccio d'avocat *au yaourt épicé*

Ingrédients
(pour 4 personnes)

- 2 avocats
- 1 grosse tomate
- 1/2 citron
- 2 yaourts nature veloutés
- 2 cuillères à soupe d'huile d'olive
- 1/2 cuillères à café de cumin
- 2 pincées de coriandre en poudre
- 4 brins de coriandre fraîche
- sel, poivre

1 Pressez le citron pour en extraire le jus. Coupez les avocats en deux, retirez le noyau, pelez-les et coupez la chair en fines tranches.

2 Au fur et à mesure, disposez les tranches d'avocat en éventail sur des petites assiettes et arrosez-les de jus de citron.

3 Pelez la tomate après l'avoir ébouillantée quelques secondes, épépinez-la et taillez la chair en petits dés. Déposez 1 cuillerée de chair de tomate au centre des avocats.

4 Dans un bol, versez le yaourt, l'huile, le cumin et la coriandre en poudre. Salez, poivrez, mélangez bien et réservez au frais.

5 Lavez les feuilles de coriandre fraîche, épongez-les dans du papier absorbant, ciselez-les grossièrement et parsemez-en les assiettes. Servez bien frais accompagné de la sauce au yaourt.

› Mon marché

Choisissez des avocats encore fermes, légèrement souples au niveau du pédoncule. L'idéal est de les acheter durs, parfaitement sains, et de les laisser mûrir entre deux et quatre jours enfermés dans du papier d'emballage à température ambiante.

Préparation : 10 minutes | Pas de cuisson | Réalisation : facile | Coût : bon marché

Cette jolie entrée de légumes, délicieuse, accompagnée d'une sauce originale, plaira en toutes circonstances.

› Mon astuce

Ajoutez 2 gouttes de Tabasco ou 1 pincée de piment pour relever la sauce.
Vous pouvez parfumer la sauce simplement avec des herbes : coriandre et ciboulette.

César *salade*

Ingrédients
(pour 6 personnes)

- 6 œufs
- 1 salade romaine
- 12 filets d'anchois
- 1 morceau de parmesan
- 6 tranches de pain de mie
- 1 gousse d'ail
- le jus de 1/2 citron
- 4 cuillères à soupe d'huile d'olive
- sel, poivre

1 Faites cuire les œufs mollets : plongez-les dans une casserole d'eau bouillante et laissez-les cuire 6 minutes. Rafraîchissez-les sous l'eau froide et écalez-les.

2 Coupez la croûte des tranches de pain de mie. Écrasez la gousse d'ail au presse-ail et, dans un bol, mélangez-la à 1 cuillerée d'huile. Avec un pinceau, enduisez le pain d'huile aillée.

3 Faites griller les tranches de pain et coupez-les en petits cubes. Dans le bol, mélangez le jus de citron, le sel, le poivre et le reste d'huile.

4 Lavez et essorez la salade. Déchirez les feuilles en quatre et mettez-les dans le saladier avec la sauce. Mélangez. Ajoutez les croûtons. Coupez les œufs en deux.

5 Disposez les œufs sur la salade ainsi que les anchois égouttés. Réalisez des copeaux de parmesan avec un couteau économe et servez aussitôt.

› Mon astuce

Vous pouvez faire cuire les œufs à l'avance si vous les préférez durs. Mais, si vous faites des œufs mollets comme nous le préconisons, le jaune se mélangera à la sauce et aux croûtons, il est préférable de les faire cuire au dernier moment pour plus de fraîcheur.

Une salade rafraîchissante qui n'en oublie pas d'être toute croquante !
Il existe de nombreuses variantes de cette salade, toute simple et délicieusement assaisonnée.

› Mon marché

Vous trouverez des anchois en boîte à l'huile ou en saumure dans le sel, le choix importe peu, c'est une affaire de goût. Il est préférable de rincer à l'eau les anchois au sel et de les égoutter sur du papier absorbant.

Concombre au yaourt *et au miel*

Ingrédients
(pour 4 personnes)

1 concombre

1 cuil. à soupe de crème fraîche légère

1 cuillère à soupe de yaourt battu

1 cuillère à soupe de vinaigre de cidre

1 cuillère à soupe de miel liquide

1 cuillère à soupe de coriandre

1 cuillère à soupe de gros sel

poivre

1 Pelez le concombre. Coupez-le en deux dans la largeur, puis ouvrez-le dans la longueur. Retirez les pépins. Recoupez des bandes dans la longueur afin de le détailler en petits cubes.

2 Mettez le concombre dans une passoire et saupoudrez-le généreusement de gros sel afin de le faire dégorger. Laissez-le reposer 20 minutes environ.

3 Dans un saladier, mélangez intimement la crème, le yaourt, le miel et le vinaigre. Poivrez et mélangez bien le tout. Réservez au réfrigérateur.

4 Égouttez soigneusement le concombre et ajoutez-le dans le saladier à la sauce au yaourt. Mélangez pour bien l'enrober de sauce.

5 Saupoudrez la préparation de coriandre et réservez au réfrigérateur au moins 30 minutes ou jusqu'au moment de passer à table.

› Mon astuce

Pour un buffet, présentez votre recette dans des verrines.
Plantez dans chaque verrine un bâtonnet de carotte cru, délicieux à croquer avec cette sauce, et une petite tomate cerise pour donner de la couleur.

Préparation : 10 minutes | Cuisson : 1 heure | Réalisation : facile | Coût : bon marché

Cette entrée douce et rafraîchissante peut parfaitement accompagner un plat au curry ou un couscous. Elle sera également délicieuse avec des viandes ou des poissons grillés.

› Mon marché

Choisissez le concombre bien ferme, la peau brillante et de couleur uniforme.
Vous pouvez préférer des mini-concombres, plus parfumés et moins gorgés d'eau.

Flans de tomates *au basilic*

Ingrédients
(pour 4 personnes)

- 1 grosse boîte de tomates concassées
- 2 cuillères à soupe d'huile d'olive
- 1 cuillère à soupe de vinaigre balsamique
- 3 feuilles de gélatine
- 10 olives noires dénoyautées
- 1 pincée de sucre
- 4 gousses d'ail
- 1 botte de basilic
- sel, poivre

1 Dans une sauteuse, faites chauffer l'huile d'olive. Dès que l'huile est bien chaude, ajoutez les tomates avec leur jus.

2 Épluchez l'ail, hachez-le au presse-ail et mettez-le dans la sauteuse. Hachez grossièrement les olives, versez-les dans la sauteuse avec le sucre. Laissez cuire à couvert 20 minutes.

3 Lavez, essorez et hachez le basilic (conservez quelques feuilles pour la décoration). Ajoutez-le à la sauce tomate. Salez et poivrez généreusement.

4 Faites ramollir les feuilles de gélatine dans un bol d'eau froide 5 minutes et ajoutez-les aux tomates. Remuez bien pour qu'elles se fondent aux tomates. Badigeonnez quatre ramequins d'huile d'olive.

5 Versez le mélange de tomates dans les ramequins. Recouvrez de film alimentaire et mettez au frais 2 heures. Démoulez sur des assiettes et décorez d'un filet de vinaigre et du basilic.

› Ma variante

Vous pouvez ajouter des dés de mozzarella, de féta, 1 couche de tapenade au fond des ramequins avant de verser le mélange de tomates, ou 1 rondelle de bûche de chèvre, des pignons de pin, des dés de concombre. Si vous n'avez pas de gélatine, remplacez-la par 4 œufs battus en omelette.

Une entrée originale, toute simple à réaliser, qui s'intègre parfaitement à un régime tant elle est légère.

› Mon astuce

En pleine saison des tomates, réalisez cette recette avec 1 kg de tomates bien mûres. N'oubliez pas de les ébouillanter 1 minute dans l'eau, avant de retirer leur peau.

Fonds d'artichaut *au chèvre*

Ingrédients
(pour 4 personnes)

- 8 fonds d'artichaut surgelés
- 1 petit pot de tapenade
- 8 tomates séchées à l'huile
- 8 petits fromages de chèvre
- herbes de Provence
- quelques feuilles de roquette
- huile d'olive
- poivre au moulin

1 Faites décongeler les fonds d'artichaut en les faisant tremper 5 minutes dans l'eau frémissante. Rincez-les à l'eau froide et égouttez-les.

2 Tartinez chaque fond d'artichaut d'une couche de tapenade. Déposez sur chacun d'eux une tomate séchée égouttée de son huile.

3 Placez les fonds d'artichaut dans un plat à gratin. Recouvrez-les d'un petit chèvre, saupoudrez-les d'herbes de Provence et d'un tour de moulin à poivre.

4 Faites gratiner les fonds d'artichaut sous le gril du four pendant 7 minutes environ : le fromage doit fondre et dorer légèrement.

5 Disposez chaque fond d'artichaut sur une petite assiette entouré de quelques feuilles de roquette. Arrosez d'un filet d'huile d'olive.

› Mon marché

Choisissez de préférence des petits fromages mi-secs comme le cabécou ou coupez en deux un crottin de chavignol. Vous pouvez également utiliser une bûche de chèvre, détaillée en tranches de 3 cm d'épaisseur, mais la présentation est moins jolie.

Une entrée très simple et très rapide à réaliser, à la fois différente et goûteuse. Les fonds d'artichaut à la saveur délicate sont parfaits pour accueillir des ingrédients tendres et relevés.

› Mon astuce

Cette entrée chaude peut se transformer en accompagnement d'une assiette de pâtes assaisonnées de petits morceaux de tomates confites à l'huile.

Melon au jambon de Parme *et feta*

Ingrédients
(pour 4 personnes)

- 4 tranches de jambon de Parme
- 1 melon
- 1 pot de feta marinée en bocal
- 1 barquette de tomates cerises
- 8 gressins
- 1 avocat
- 1 citron
- 1 cuillère à soupe de vinaigre balsamique
- sel, poivre

1 Coupez le melon en deux et débarrassez-le de ses pépins, avec une petite cuillère. Ouvrez l'avocat en deux.

2 Retirez la peau de l'avocat et coupez-le en fines lamelles. Pressez le citron par-dessus pour empêcher la chair de noircir. Coupez le melon en très fines lamelles et ôtez la peau.

3 Dans un plat de service plat, répartissez les tranches de melon et d'avocat. Lavez et répartissez les tomates de part et d'autre. Égouttez la feta et disposez-la sur la salade.

4 Coupez les tranches de jambon en deux dans le sens de la longueur et entourez chaque demi-tranche autour d'un gressin.

5 Versez la marinade de la feta sur la salade, ajoutez un filet de vinaigre balsamique, donnez un tour de moulin à poivre et servez avec les gressins posés sur la salade.

› Mon astuce

Si vous avez prévu de recevoir plusieurs fois, achetez en double les ingrédients nécessaires à cette salade et réalisez de délicieuses brochettes apéritives : sur des piques du type cure-dent, disposez un dé de melon, puis un dé de feta et une tomate cerise.

Préparation : 15 minutes | Pas de cuisson | Réalisation : facile | Coût : assez cher

Le melon au goût sucré plaît à tous et devient un mets de fête, servi avec du jambon de Parme. C'est un fruit d'été succulent et rafraîchissant.

› Ma variante

Pour une salade tout en rondeur : à l'aide d'une cuillère parisienne, une cuillère ronde spécialement conçue pour réaliser des petites boules de fruits ou de légumes, amusez-vous à confectionner des billes de melon et d'avocat, et ajoutez à la salade des billes de mozzarella toutes faites.

Œufs farcis *au thon*

Ingrédients
(pour 4 personnes)

- 4 œufs
- 1 boîte de thon au naturel
- 3 cuillères. à soupe de mayonnaise
- 1 petit bouquet de ciboulette
- 5 feuilles de laitue
- sel, poivre

1 À l'aide d'une cuillère, plongez délicatement les œufs dans une casserole d'eau bouillante. Faites-les cuire pendant 10 minutes.

2 Pendant ce temps, lavez et ciselez les deux tiers de la ciboulette. Égouttez le thon, mettez-le dans un saladier. Mélangez le thon, la mayonnaise et la ciboulette en les écrasant à la fourchette.

3 Rafraîchissez les œufs sous l'eau froide, écalez-les et coupez-les dans le sens de la longueur. Ôtez les jaunes et ajoutez-les à la préparation dans le saladier.

4 Salez, poivrez et amalgamez bien le tout. Remplissez largement les demi-blancs d'œufs avec la préparation à l'aide d'une cuillère à café.

5 Disposez les feuilles de salade sur un plat et mettez les œufs farcis dessus. Décorez de quelques brins de ciboulette. Réservez au moins 1 heure au frais avant de servir.

› Mon astuce

Salez l'eau de cuisson des œufs pour les écaler facilement. Retournez les œufs à mi-cuisson pour que le jaune reste bien au centre. Recouvrez le plat d'une feuille d'aluminium pour que les œufs ne communiquent pas leur odeur aux autres aliments dans le réfrigérateur

Préparation : 15 minutes | Cuisson : 10 minutes | Réalisation : facile | Coût : bon marché

Les amateurs d'œufs durs en raffolent : mieux que des œufs mimosa, ceux-là sont enrichis de thon, et pas plus compliqués à réaliser. Une entrée qui plaît en toutes circonstances.

› Ma variante

Vous pouvez remplacer le thon par des sardines épluchées.
Vous pouvez utiliser d'autres herbes que la ciboulette, de l'estragon ou du cerfeuil, par exemple.

Rillettes *aux deux saumons*

Ingrédients
(pour 4 personnes)

- 200 g de filet de saumon frais sans la peau
- 200 g de saumon fumé
- 150 g de beurre mou
- 2 cuillères à soupe d'huile d'olive
- 2 cuillères à soupe de vin blanc sec
- 1/2 citron
- sel, poivre

1 Pensez à sortir le beurre du réfrigérateur au moins 1 heure avant de vous mettre en cuisine. Réduisez-le en pommade à l'aide d'une fourchette.

2 Détaillez le saumon frais en cubes. Faites chauffer l'huile d'olive dans une poêle à feu doux et faites dorer les cubes de saumon 1 minute. Mouillez de vin blanc et laissez cuire 5 minutes.

3 Découpez le saumon fumé en fines petites lanières. Mettez les deux saumons dans un même saladier.

4 Écrasez les saumons à la fourchette ou broyez-les au mixeur. Au fur et à mesure, ajoutez le beurre réduit en pommade et arrosez de jus de citron.

5 Salez légèrement et poivrez généreusement. Remuez. Servez en terrine en porcelaine ou dans un joli plat de présentation.

› Mon astuce

Pensez à adapter les rillettes de poisson en fonction des réserves de vos placards : succulentes, peu onéreuses, les rillettes de thon ou de sardine sont parfaites à l'apéritif avec des tomates cerises, des bâtonnets de concombre et de carotte et des tranches de pain de campagne.

Préparation : 15 minutes | *Cuisson : 5 minutes* | *Réalisation : facile* | *Coût : assez cher*

Une entrée des plus savoureuses, facile à réaliser, à proposer à l'apéritif avec des tranches de pain de campagne.

› Ma variante

Pour les rillettes de sardine, utilisez 2 boîtes de sardines à l'huile, écrasez-les dans un bol avec l'huile, ajoutez la barquette de Saint-Morêt, le jus de 1 citron, un peu de vinaigre, éventuellement des câpres et 1 échalote ciselée, salez et poivrez. Mettez les rillettes au moins 2 heures au frais avant de les servir.

Roulés de saumon au roquefort *et aux noix*

Ingrédients
(pour 4 personnes)

- 4 tranches de saumon fumé
- 50 g de roquefort
- 25 cl de crème fraîche liquide
- 1 cuillère à soupe de ciboulette hachée
- 8 cerneaux de noix
- 1 citron
- sel, poivre

1 Versez la crème liquide dans un saladier et fouettez-la au batteur électrique pour la monter en chantilly.

2 Dans une assiette creuse, écrasez le roquefort à l'aide d'une fourchette. Hachez menu les cerneaux de noix.

3 Incorporez le roquefort, les noix et la ciboulette à la crème fouettée. Salez et poivrez. Mélangez en soulevant avec une spatule de manière à obtenir une crème liée.

4 Étalez les tranches de saumon sur une planche. Coupez-les dans le sens de la longueur en bandes de 3 cm de large. Tartinez chaque bande de crème sur toute la longueur.

5 Enroulez les bandes de saumon et déposez-les sur un plat. Coupez le citron en rondelles et décorez-en le plat. Réservez au réfrigérateur 1 heure avant de servir.

› Accompagnement

Comme les noix donnent une texture granuleuse à la crème et apportent une note légèrement amère, vous pouvez les supprimer de la recette. Pour plus de fraîcheur, remplacez-les par un demi-concombre. Moins sophistiqué, mais tout aussi délicieux, vous pouvez remplacer le saumon fumé par du jambon.

Préparation : 20 minutes | Pas de cuisson | Réalisation : facile | Coût : assez cher

Une entrée apéritive très chic, à réaliser en un rien de temps.
Ces roulés offrent un bouquet de saveurs et une douceur inoubliables.

› Mon astuce

Pour un apéritif, plantez des bâtonnets sur chacun des roulés.
Conservez quelques brins de ciboulette pour la décoration.
Pour une entrée, présentez les roulés sur une salade frisée ou de la mâche, agrémentées de cerneaux de noix.

Salade champignons *et lardons*

Ingrédients
(pour 4 personnes)

- 1 salade composée prête à l'emploi
- 400 g de champignons de Paris surgelés
- 200 g de lardons fumés
- 1 cuillère à café d'échalotes surgelées
- 1 cuillère à café de persil surgelé

Assaisonnement :

- 1 sauce vinaigrette

1 Faites griller les lardons dans une poêle sans ajouter de matière grasse. Les lardons le sont suffisamment. Réservez.

2 Dans deux cuillères à soupe d'huile, faites sauter les champignons surgelés à la poêle pendant 10 minutes.

3 Quand ils sont bien dorés, ajoutez les lardons quelques minutes pour les réchauffer.

4 Dans un saladier, mettez la salade et ajoutez la vinaigrette toute prête. Mélangez délicatement le tout.

5 La salade mélangée, ajoutez les champignons et les lardons bien chauds. Parsemez d'échalotes et de persil surgelés. C'est prêt !

› Accompagnement

Servez avec des tranches de pain de campagne grillées légèrement frottées à l'ail.

Préparation : 5 minutes | Cuisson : 15 minutes | Réalisation : facile | Coût : assez cher

Un assemblage de produits prêts à l'emploi et de surgelés pour composer une véritable entrée d'automne, classique mais appréciée de tous.

› Mon astuce

Envie d'une sauce vinaigrette « maison » qui change de l'ordinaire ? Profitez donc de la gamme étendue des vinaigres et des huiles et préparez votre sauce à votre goût. Par exemple, mélangez simplement 5 cuillères à soupe d'huile de noix, 1 cuillère à soupe de vinaigre balsamique et 1 cuillère à soupe de vinaigre de Xérès, salez et poivrez, c'est prêt !

Salade de chou *ou coleslow*

Ingrédients
(pour 4 personnes)

- 500 g de chou pommé blanc
- 200 g de carottes
- 1 petit oignon
- 50 g de raisins secs

Pour la mayonnaise :

- 15 cl d'huile d'arachide
- 1 cuillère à café de moutarde forte
- le jus de 1/2 citron
- 1 œuf
- sel, poivre

1 Sortez les ingrédients pour la mayonnaise à l'avance. Si vous les utilisez trop froids, la mayonnaise risque de tourner. Lavez les carottes et râpez-les.

2 Retirez les feuilles extérieures du chou et lavez-le. Coupez-le en très fines lamelles. Épluchez, pelez et émincez l'oignon. Réservez-le.

3 Préparez la mayonnaise : mettez le jaune d'œuf dans un bol avec la moutarde, 1 pincée de sel et du poivre. Fouettez. Ajoutez le jus de citron et mélangez à nouveau rapidement.

4 Incorporez délicatement l'huile en continuant de fouetter. Dès que vous voyez qu'il y a un excédent d'huile, cessez d'en verser et fouettez. La mayonnaise doit être bien ferme.

5 Dans un saladier, mélangez le chou, les carottes, l'oignon et la mayonnaise. Faites gonfler les raisins au micro-ondes dans un peu d'eau 1 minute et ajoutez-les. Servez bien frais.

› Ma variante

Pour réaliser cette délicieuse salade en 5 minutes chrono, râpez dans votre robot carottes, chou et éventuellement pommes granny smith. Mettez le tout dans un saladier, incorporez quelques cuillerées de mayonnaise toute prête, parsemez de raisins secs, c'est prêt !

Préparation : 20 minutes | Pas de cuisson | Réalisation : facile | Coût : bon marché

Le chou est excellent pour la santé. Accompagné de carottes et de mayonnaise, c'est une recette idéale pour que les enfants en reprennent avec plaisir.

› Mon marché

Le chou pommé alimente le marché français quasi toute l'année (mais fort peu en été). En raison de ses faibles exigences climatiques, il est cultivé dans de nombreuses régions.

Salade frisée aux poires *et au bleu*

Ingrédients
(pour 4 personnes)

- 1 salade frisée
- 2 poires
- 100 g de bleu d'Auvergne
- 50 g de cerneaux de noix
- 2 cuillères à soupe d'huile d'olive
- 1 cuillère à soupe d'huile de noix
- 1 cuillère à soupe de vinaigre de Xérès
- 1/2 citron
- sel, poivre

1 Épluchez la salade, lavez-la deux fois à grande eau, puis essorez-la. Disposez un lit de feuilles de frisée sur chaque assiette.

2 Préparez la vinaigrette avec, dans l'ordre, le sel, le poivre, le vinaigre, puis émulsionnez avec une fourchette en ajoutant les deux huiles.

3 Pelez les poires, coupez-les en quartiers, retirez le trognon et taillez-les en lamelles. Mettez-les dans une assiette et arrosez-les de jus de citron.

4 Hachez grossièrement les cerneaux de noix. Coupez grossièrement le fromage en petits cubes, éventuellement émiettez-le un peu.

5 Disposez les lamelles de poire sur les feuilles de salade et répartissez les morceaux de fromage. Parsemez de noix et arrosez de vinaigrette. Servez aussitôt.

› Mon marché

La frisée, comme l'endive, est une salade de la famille de la chicorée. Assez rare sur les étals, elle est souvent un peu chère. Pour bien conserver une salade, lavez-la, essorez-la après l'achat, enfermez-la dans un torchon propre et rangez-la dans un récipient au frais.

Préparation : 10 minutes | Pas de cuisson | Réalisation : facile | Coût : bon marché

Le goût légèrement amer de la frisée permet des mélanges avec des saveurs fortes et douces, comme le fromage et les fruits.

› Ma variante

Vous pouvez remplacer les cerneaux de noix par des noisettes concassées ou des pignons de pin. Pour une salade gourmande, ajoutez des lanières de jambon de pays. Vous pouvez également faire dorer à sec dans un poêle des petits lardons fumés, les égoutter sur du papier absorbant et les répartir sur la salade.

Tomates, concombres *et champignons farcis*

Ingrédients
(pour 4 personnes)

1 pâte brisée

1 pâte feuilletée

4 blancs de poireaux

300 g de champignons de Paris surgelés

150 g de crème fraîche épaisse

1 noix de beurre

1 jaune d'œuf

Muscade en poudre

Sel et poivre

1 Lavez les tomates, essuyez-les, retirez les chapeaux, réservez-les, et évidez les tomates. Mélangez un carré frais à la tapenade.

2 Remplissez les tomates et couvrez-les de leur chapeau. Réservez au frais. Pelez le concombre, coupez-le en 8 tronçons et évidez l'intérieur de chaque tronçon avec un vide-pomme.

3 Mélangez un carré frais aux raisins de Corinthe, salez, poivrez et ajoutez 1 cuillerée à soupe de menthe surgelée. Garnissez les tronçons de concombre de ce mélange. Servez frais.

4 Nettoyez les champignons, retirez les queues. Mélangez un carré frais à la ciboulette préalablement ciselée. Salez et poivrez.

5 Garnissez les têtes de champignon de ce mélange. Réservez le concombre, les tomates et les champignons au frais. Soignez la présentation.

› Accompagnement

Servez avec une assiette de charcuterie ou une omelette.

Préparation : 20 minutes | Pas de cuisson | Réalisation : facile | Coût : assez cher

*Une soirée tapas très chic en perspective…
Garnissez les légumes de carrés frais pour un apéritif des plus raffinés,
assez simple à réaliser.*

› Mon marché

Vous trouverez de la tapenade verte (mélange d'olives vertes) au rayon épicerie fine ou sauces diverses.

Poissons et fruits de mer

Bar en croûte *de sel*

Ingrédients
(pour 4 personnes)

- 1 bar de 1,5 kg
- 2 kg de gros sel
- 1 cuillère à soupe de graines de fenouil
- 2 branches de thym
- beurre

1 Préchauffez le four à 240 °C (th. 8). Incisez le poisson sur le ventre et videz-le, rincez-le et épongez-le dans du papier absorbant.

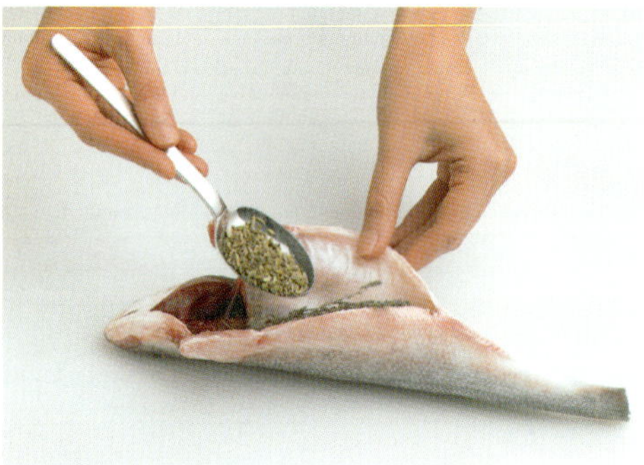

2 Farcissez le poisson de graines de fenouil et de thym. Saupoudrez de gros sel un plat allant au four en une couche d'au moins 1 cm.

3 Posez le poisson sur son lit de sel et recouvrez-le entièrement de gros sel. Enfournez-le et laissez-le cuire 30 minutes.

4 À la sortie du four, cassez la croûte de sel avec un couteau en veillant à ne pas abîmer le poisson. Retirez le sel en surface avec une cuillère et posez le poisson sur une planche.

5 Retirez la peau du poisson, qui se détache facilement. Coupez-le au centre dans sa longueur pour dégager les filets et servez-le sur des assiettes avec du beurre.

› Ma variante

Pour l'assaisonnement, vous pouvez utiliser des graines de coriandre, des herbes de Provence ou une gousse de vanille fendue. Choisissez de préférence une épice douce pour ne pas gâcher la saveur délicate du poisson.

Cette préparation ancestrale s'apparente à un mode de cuisson à la vapeur. La chair du poisson, moelleuse et parfumée, ne sera pas trop salée malgré sa coque de sel.

› Mon astuce

Accompagnez ce poisson d'une sauce toute simple : dans un bol, versez 4 cuillerées à soupe d'huile d'olive, le jus de 1 citron, du sel, du poivre et 1 cuillerée à soupe de ciboulette.
Vous pouvez très bien remplacer la ciboulette par de l'estragon.

Brochettes de lotte *à la coppa*

Ingrédients
(pour 4 personnes)

- 600 g de filet de lotte paré
- 1 poivron rouge
- 1 poivron jaune
- 2 citrons
- 12 tranches de coppa
- 2 cuillères à soupe d'huile d'olive
- brochettes
- sel, poivre

1 Rincez la lotte et détaillez-la en douze cubes, que vous mettrez dans un plat creux.
Pressez les citrons et versez leur jus sur le poisson. Salez et poivrez.

2 Laissez mariner les cubes de poisson 1 heure en les retournant deux ou trois fois. Pendant ce temps, rincez et séchez les poivrons. Coupez-les en deux, éliminez leur pédoncule et les graines.

3 Découpez la chair des poivrons en carrés. Ajoutez-les aux cubes de poisson et arrosez-les d'huile d'olive. Mélangez soigneusement. Retirez l'excès de jus de citron.

4 Enroulez les tranches de coppa autour des cubes de lotte (pliez-les en deux si elles sont trop grandes). Piquez les cubes sur des brochettes en les alternant avec les poivrons. Salez et poivrez.

5 Faites cuire les brochettes au barbecue ou sous le gril du four pendant 6 minutes environ en les retournant en cours de cuisson.

› Mon marché

Qu'est-ce exactement que la coppa ? C'est de l'échine de porc désossée mise à macérer dans un mélange de sel, de poivre, de vin, de girofle et d'ail, puis fumée pendant plusieurs mois, afin qu'elle développe tous ses arômes.

Préparation : 15 minutes | Cuisson : 6 minutes | Repos : 1 heure | Réalisation : facile | Coût : cher

Voici un mariage étonnant et des plus délicieux. La chair ferme de la lotte est facile à préparer, d'autant que, ne contenant pas d'arêtes, elle peut se cuire comme une viande.

› Mon astuce

Pour éviter de salir votre four, placez les brochettes sur une grille, tapissez la lèchefrite de papier d'aluminium et glissez-la sous la grille. Vous pouvez remplacer les tranches de coppa par de fines tranches de lard fumé. Le résultat sera tout aussi bon.

Cabillaud à la crème *de poireau*

Ingrédients
(pour 4 personnes)

- 4 pavés de cabillaud frais, sans la peau
- 600 g de pommes de terre
- 300 g de blancs de poireau
- 40 cl de crème fleurette
- 1 cuillère à café de curry
- 20 g de beurre
- sel, poivre

1 Épluchez les pommes de terre et faites-les cuire à l'autocuiseur pendant 10 minutes.

2 Rincez les poireaux à grande eau et émincez-les en fines rondelles. Dans une sauteuse, faites mousser le beurre. Jetez les poireaux dans le beurre et laissez-les dorer une quinzaine de minutes.

3 Passez les pavés de poisson sous l'eau, épongez-les avec du papier absorbant et faites-les cuire à la vapeur 10 minutes.

4 Ajoutez la crème fraîche aux poireaux. Salez, poivrez et parfumez de curry. Faites réduire à feu vif, jusqu'à l'obtention d'une crème onctueuse.

5 Servez à l'assiette : disposez dans chaque assiette une darne de cabillaud, accompagnée de pommes de terre et nappée de la fondue de poireau.

› Mon conseil

La cuisson à la vapeur est synonyme de santé, car elle préserve les vitamines et les minéraux, et de légèreté puisqu'elle ne nécessite pas d'ajout de corps gras. En outre, elle permet de redécouvrir le vrai goût des aliments. Ce sont les légumes et les poissons qui s'adaptent le mieux à ce mode de cuisson.

Préparation : 15 minutes | Cuisson : 20 minutes | Réalisation : facile | Coût : bon marché

Ce sont souvent les recettes les plus simples qui se révèlent les meilleures. Ajoutez une pointe d'épices, et le repas devient un moment de plaisir des plus sains qui soient.

› Mon astuce

Gagnez du temps grâce à la cuisson à la vapeur. Les légumes en haut, le poisson au milieu et le riz en bas... Le cuiseur vapeur électrique comme les paniers en bambou que l'on superpose permettent de faire cuire tous les aliments en même temps sans risque de mélanger les odeurs.

Cabillaud *au beurre d'orange*

Ingrédients
(pour 4 personnes)

4 filets de cabillaud

1 orange

3 échalotes

10 cl de vin blanc

10 cl de crème liquide

60 g de beurre

1 Épluchez les échalotes et émincez-les finement. Brossez l'orange sous un filet d'eau.

2 Prélevez le zeste de l'orange et coupez-le en tout petits morceaux. Pressez l'orange pour en extraire le jus.

3 Dans une casserole, versez le jus d'orange, le vin blanc, les échalotes émincées et portez le tout à ébullition.

4 Ajoutez la crème, fouettez et faites réduire. Pendant ce temps, coupez le beurre en petits dés, puis ajoutez-le dans la casserole. Mixez la sauce à l'aide d'un petit robot.

5 Dans une poêle, faites cuire les filets des deux côtés dans le beurre frémissant pendant 5 à 7 minutes. Répartissez-les sur les assiettes et nappez-les de sauce.

› Accompagnement

Servez avec des pommes de terres nouvelles.

Des filets de poisson nappés d'un beurre d'agrumes…
De quoi surprendre et régaler vos convives à l'occasion d'un dîner très raffiné.

› Ma variante

Une recette très légère de filet de cabillaud en papillote aux agrumes. Il vous faut : 4 filets de cabillaud, 2 pamplemousses, 2 oranges, du sel, du poivre, des herbes de type coriandre et quelques baies roses. Préchauffez le four à 210 °C (th. 7). Découpez 4 grands carrés de papier sulfurisé ou d'aluminium. Déposez sur chacun 1 filet de poisson. Pelez les agrumes à vif, détaillez-les en tranches et posez-les sur les filets. Décorez de coriandre ciselée, de baies roses, salez et poivrez généreusement.

Curry *de crevettes*

Ingrédients
(pour 4 personnes)

- 1 sachet de crevettes surgelées cuites et décortiquées (500g)
- 1 boîte de tomates pelées
- 1 oignon
- 1 cuillère à soupe de curry
- Beurre
- Sel et poivre

1 Faites décongeler à l'avance les crevettes en les plaçant dans le réfrigérateur (de préférence le matin pour les préparer le soir).

2 Épluchez et émincez l'oignon à l'aide d'un petit couteau bien aiguisé. Si vos yeux commencent à se remplir de larmes, passez-vous vite les mains sous l'eau froide.

3 Faites chauffer une noix de beurre dans la poêle. Faites revenir l'oignon jusqu'à ce qu'il devienne transparent.

4 Versez le jus des tomates dans la poêle ; coupez en morceaux les tomates pelées, ajoutez-les à la préparation. Laissez cuire 5 min à feu moyen.

5 Ajoutez les crevettes et le curry. Salez, poivrez et laissez cuire 15 min à feu doux. Servez sans tarder.

› Mon marché

Les crevettes surgelées présentent l'inconvénient de beaucoup diminuer à la cuisson, n'ayez donc pas peur de forcer sur la quantité. Par curiosité, vous pouvez essayer la recette avec des crevettes fraîches, ce qui vous vaudra le dur labeur de les décortiquer !

Préparation : 5 minutes | Cuisson : 20 minutes | Réalisation : facile | Coût : assez cher

L'Inde à votre table avec ce curry de crevettes que vous accompagnerez de riz basmati et qui séduira par son originalité.

› Mon astuce

Une petite brique de lait de coco ajoutée à la sauce tomate rehausse le goût ; et pour décorer, quelques amandes effilées parsemées sur le plat sont toujours du plus bel effet.

Encornets sautés à l'ail *et à la tomate*

Ingrédients
(pour 4 personnes)

- 800 g d'encornets surgelés en morceaux
- 1 boîte de tomates pelées
- 1 oignon
- 2 gousses d'ail
- 2 cuillères à soupe d'huile
- 1 cuillère à soupe de persil ciselé
- 1 pincée de piment d'Espelette
- sel

1 Faites décongeler les encornets au micro-ondes. Pendant ce temps, pelez les gousses d'ail et retirez le germe. Pelez l'oignon. Hachez l'ail et l'oignon.

2 Égouttez les encornets. Dans une sauteuse, faites chauffer l'huile et jetez-y les morceaux d'encornets pour les saisir. Laissez-les légèrement dorer, tout en remuant.

3 Ajoutez l'ail et l'oignon hachés dans la poêle. Salez et mélangez. Réduisez le feu et laissez fondre l'ail et l'oignon à feu doux en remuant jusqu'à ce qu'ils soient translucides.

4 Coupez les tomates pelées en morceaux et ajoutez-les dans la poêle avec leur jus. Laissez-les cuire de 10 à 15 minutes en remuant de temps en temps.

5 En fin de cuisson, ajoutez le persil et la pincée de piment. Mélangez à nouveau et servez aussitôt.

› Mon marché

Les calamars – encornets, chipirons ou supions selon les régions – sont des mollusques de la famille des céphalopodes (une tête avec des pieds) avec un corps en forme de poche et de petits tentacules.

Préparation : 5 minutes | Cuisson : 20 minutes | Réalisation : facile | Coût : bon marché

Les encornets permettent de réaliser des recettes plutôt diététiques et économiques. Ils s'accommodent de préparations relevées, comme ici à la façon provençale.

› Ma variante

Vous pouvez remplacer les tomates par 20 cl de crème fraîche allégée.
À l'étape 4, ajoutez la crème et le persil. Mélangez et laissez fondre. Servez aussitôt.

Filets de flétan grillés *au basilic*

Ingrédients
(pour 4 personnes)

- 4 filets de flétan
- 100 g de feuilles d'épinard frais
- 5 branches de basilic
- 300 g de tagliatelles fraîches
- 1 poignée de pignons de pin (facultatif)
- 3 cuillères à soupe d'huile d'olive
- sel de Guérande

1 Lavez le basilic, séchez-le et ciselez-le. Lavez les feuilles d'épinard et essuyez-les dans du papier absorbant. Faites chauffer 1 cuillerée d'huile d'olive dans une sauteuse.

2 Plongez-y les pousses d'épinard entières avec 1 pincée de sel. Laissez fondre quelques minutes. Dans une autre sauteuse, faites chauffer 1 cuillerée d'huile.

3 Faites poêler les filets de flétan 5 minutes de chaque côté. Pendant ce temps, faites cuire les pâtes fraîches dans une grande casserole d'eau salée.

4 Dans une poêle, faites griller les pignons de pin à sec. Égouttez soigneusement les pâtes. Remettez-les rapidement dans la casserole avec la dernière cuillerée d'huile d'olive.

5 Ajoutez les pignons, salez, poivrez et remuez. Disposez dans chaque assiette un filet de poisson, la fondue d'épinard et les tagliatelles. Parsemez de basilic ciselé et servez aussitôt.

› Accompagnement

Servez avec un vin blanc sec.

Préparation : 20 minutes | *Cuisson : 20 minutes* | *Réalisation : facile* | *Coût : bon marché*

On peut très bien se régaler avec un plat sain et léger.
Ces filets de poisson blanc juste poêlés gardent toute leur saveur.
Ce plat plaira aussi bien aux grands qu'aux petits, agrémenté de pâtes.

› Mon marché

Le flétan est un très grand poisson plat et allongé dont la peau est lisse et couverte d'écailles rondes et dont les yeux sont situés du même côté. Grillé, mariné ou poché, le flétan est un poisson à la chair très délicate que vous trouverez sous forme de filets, de darnes ou de joues, mais qui est relativement cher.

Moules *au safran*

Ingrédients
(pour 4 personnes)

1 kg de moules de bouchot

2 échalotes

3 branches de persil

40 cl de vin blanc

1 carotte

1 branche de céleri

10 g de beurre

1 jaune d'œuf

2 cuillères à soupe de fumet de poisson déshydraté

1 dose de safran en filaments

20 cl de crème fraîche liquide

sel, poivre

1 Lavez les moules et grattez-les. Épluchez les échalotes et hachez-les. Lavez le persil et ciselez-le. Dans un faitout, mettez les échalotes hachées, le vin blanc et le persil.

2 Faites cuire à feu moyen 5 minutes, puis ajoutez les moules et laissez-les cuire 3 minutes après qu'elles se sont ouvertes. Sortez-les à l'aide d'une écumoire et décortiquez-les.

3 Répartissez-les dans des timbales en porcelaine allant au four. Filtrez le jus de cuisson au chinois. Épluchez la carotte. Émincez-la très finement en petits dés ainsi que le céleri.

4 Dans une sauteuse, faites fondre le beurre avec les légumes. Diluez le fumet de poisson dans le jus de cuisson des moules, allongez de 1/4 de litre d'eau et versez-le sur les légumes.

5 Portez à ébullition et faites réduire 10 minutes. Fouettez le jaune d'œuf, la crème et le safran. Versez sur le fumet et recouvrez-en les moules. Enfournez 10 minutes à 180 °C (th. 6).

› Mon marché

La meilleure saison pour les moules se situe entre juillet et janvier. Selon leur provenance, on distingue les moules de bouchot, réputées les meilleures, et les moules de Méditerranée ou d'Espagne, plus larges.

*Les moules subtilement relevées de safran seront appréciées.
Servi sous forme de cassolettes individuelles,
ce plat prendra des allures de fête sans vous ruiner.*

Mon astuce

Comment laver et gratter les moules ? Grattez-les avec un petit couteau, le long de la coquille. Débarrassez-les du byssus (le filament qu'elles produisent pour s'accrocher à un support). Éliminez les éventuels parasites calcaires. Supprimez les moules entrouvertes ou cassées. Puis lavez-les. Ne les laissez pas tremper dans l'eau, brassez-les énergiquement dans plusieurs eaux froides.

Moules *marinière*

Ingrédients
(pour 4 personnes)

- 2 kg de moules
- 2 verres de vin blanc sec
- 2 échalotes
- 2 branches de thym
- 1 feuille de laurier
- 2 cuillères à soupe de persil haché
- 80 g de beurre
- sel, poivre

1 Lavez les moules dans un récipient en les brassant bien et égouttez-les. Grattez-les pour retirer les filaments. Passez-les à nouveau sous l'eau dans une passoire.

2 Pelez et hachez les échalotes. Dans un grand faitout, versez le vin, le thym, la feuille de laurier, les échalotes, 1 pincée de poivre et 1 cuillerée de persil haché. Faites chauffer.

3 Dès que le liquide bout, versez les moules dans le faitout. Faites-les cuire de 5 à 10 minutes. Secouez le faitout pour mélanger les moules, celles du fond s'ouvrant plus vite.

4 À l'aide d'une écumoire, sortez les moules, disposez-les dans un plat creux et réservez-les au chaud. Dans une casserole, versez le jus de cuisson à travers une passoire, ajoutez le beurre.

5 Rectifiez l'assaisonnement, faites chauffer en remuant. Dès que la sauce bout, versez-la sur les moules. Ajoutez le reste de persil haché. Servez aussitôt.

› Accompagnement

Servez avec des frites.

Préparation : 15 minutes | *Cuisson : 15 minutes* | *Réalisation : facile* | *Coût : bon marché*

C'est, paraît-il, l'une des recettes préférées des Français… vous ne risquez donc pas de décevoir ! Voici un plat facile et convivial qui évoque les vacances en bord de mer.

› Ma variante

Pour faire des moules à la bretonne, ajoutez 2 gousses d'ail à la cuisson et 2 cuillerées de crème fraîche à la sauce.

Pan *bagnat*

Ingrédients
(pour 4 personnes)

- 4 pains ronds
- 4 œufs
- 3 tomates
- 1 petite boîte de filets d'anchois
- 1 boîte de thon au naturel
- 20 olives noires dénoyautées
- 2 cuillères à soupe d'huile
- sel, poivre

1 Mettez les œufs dans une casserole d'eau froide et faites-les bouillir pendant 10 minutes. Pendant ce temps, lavez les tomates et coupez-les en rondelles.

2 Mettez les tomates dans une assiette et arrosez-les de 2 cuillerées d'huile d'olive. Égouttez le thon et émiettez-le dans une assiette. Salez et poivrez le thon et les tomates.

3 Rafraîchissez les œufs sous l'eau froide et écalez-les. Puis coupez-les en rondelles. Coupez les pains ronds en deux dans le sens de la largeur.

4 Remplissez la base des petits pains de la moitié des rondelles de tomate, puis de thon, en répartissant équitablement les quantités. Ajoutez quelques olives et l'équivalent d'un œuf par pain.

5 Couvrez de rondelles de tomate. Égouttez les filets d'anchois et ajoutez-en un ou deux par pain. Terminez avec le reste d'olives et recouvrez les pains. Pressez le pan bagnat entre vos mains afin que la mie s'imprègne des saveurs.

› Accompagnement

Servez avec quelques légumes crus : tomates, radis, carottes, branches de céleri.

Préparation : 15 minutes | Cuisson : 10 minutes | Réalisation : facile | Coût : bon marché

Le pan bagnat est le sandwich méditerranéen par excellence.
Jadis, il se composait uniquement d'anchois et de tomates. Il a depuis évolué.

› Mon astuce

Vous pouvez utiliser du thon à l'huile ou de délicieux filets de thon blanc à l'huile, plus tendres. Égouttez le thon et n'ajoutez pas d'huile à la préparation du sandwich.

Papillotes d'églefin *au fenouil*

Ingrédients
(pour 4 personnes)

4 filets d'églefin

3 bulbes de fenouil

2 carottes

1 oignon

1 cuillère à soupe d'huile d'olive

30 g de beurre

1 cuillère à soupe de pastis

sel, poivre

1 Retirez la première feuille des fenouils et coupez la base des bulbes. Coupez les bulbes en deux, lavez-les, égouttez-les et émincez-les.

2 Pelez l'oignon et émincez-le finement. Pelez les carottes et coupez-les en petits dés. Faites chauffer l'huile et fondre le beurre dans une poêle.

3 Préchauffez le four à 210 °C (th. 7). Mettez l'oignon, les fenouils et les carottes dans la poêle, et faites-les cuire à feu doux pendant 10 à 15 minutes en remuant avec une spatule.

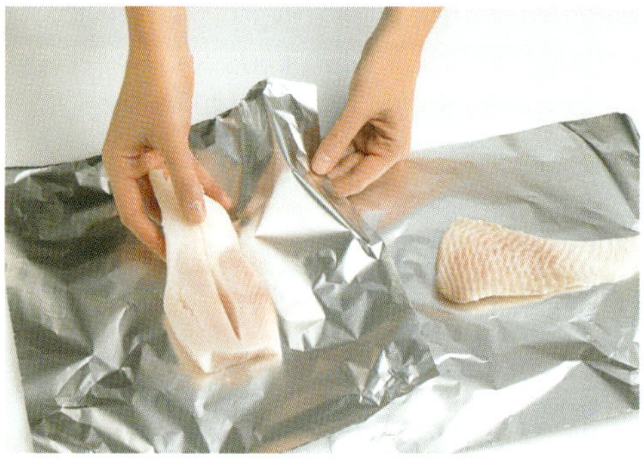

4 Préparez quatre carrés de papier d'aluminium. Rincez et épongez les filets sur du papier absorbant. Déposez chacun d'eux dans une papillote.

5 Retirez la poêle du feu et versez le pastis. Salez, poivrez et mélangez bien. Répartissez le contenu de la poêle sur les filets de poisson. Fermez les papillotes et faites-les cuire 20 minutes.

› Mon marché

L'églefin, que l'on orthographie aussi aiglefin, est un poisson de la famille du cabillaud, à chair maigre et très digeste. Lorsque vous l'achetez en filets, sa chair doit être blanche ou légèrement rosée – si elle vire au gris, c'est qu'elle manque de fraîcheur.

Préparation : 20 minutes | *Cuisson : 35 minutes* | *Réalisation : facile* | *Coût : assez cher*

Filets de poisson et petits légumes, voici un plat complet savoureux. La cuisson en papillote permet de bien communiquer au poisson le parfum anisé du fenouil.

› Mon atuce

Vous pouvez préparer ces papillotes avec d'autres filets de poisson : merlan, daurade, cabillaud. Pour une recette plus diététique : faites cuire les légumes à la vapeur pendant 10 minutes, assaisonnez-les d'une cuillerée d'huile d'olive, de pastis, de sel et de poivre.

Pavés de saumon *au citron vert*

Ingrédients
(pour 4 personnes)

- 4 pavés de saumon avec la peau
- 50 g de beurre
- 2 cuillères à soupe de crème fraîche
- 2 cuillères à soupe d'huile d'olive
- 10 tiges de menthe
- 2 citrons verts
- 1 pointe de piment d'Espelette (facultatif)
- sel, poivre

1 Vérifiez que les pavés de saumon ne contiennent pas d'arêtes, puis passez-les sous l'eau courante et essuyez avec du papier absorbant.

2 Faites chauffer l'huile dans une poêle et disposez les pavés dans la poêle, côté peau sur le fond. Saisissez le poisson à feu vif 4 minutes.

3 Baissez le feu et laissez cuire, toujours côté peau, encore 7 minutes. Rincez, essorez et ciselez la menthe, réservez-la. Prélevez le zeste de 1 citron vert. Pressez le jus des 2 citrons.

4 Dans une petite casserole, faites fondre le beurre. Ajoutez le jus de citron et fouettez. Incorporez la crème fraîche et le piment. Salez et poivrez.

5 Disposez les pavés sur les assiettes de service et nappez-les de sauce. Décorez avec le zeste de citron vert et la menthe ciselée. Servez aussitôt.

› Accompagnement

Servez avec des tagliatelles fraîches.

Préparation : 10 minutes | Cuisson : 10 minutes | Réalisation : facile | Coût : assez cher

La cuisson à l'unilatérale de ces pavés de saumon les rend très savoureux. Ajoutez à cela la note exotique du citron vert, et vous régalerez vos invités en optant pour l'originalité plutôt que pour la complexité !

› Mon astuce

Vous pouvez ajouter 20 g de gingembre frais haché pour une saveur encore plus exotique.

Pétoncles gratinés *au curry*

Ingrédients
(pour 4 personnes)

- 500 g de pétoncles surgelés
- 1 cuillère à café de curry
- 10 cl de vin blanc
- 50 g de beurre
- 3 cuillères à soupe de persil haché
- 2 cuillères à soupe de chapelure
- 2 cuillères à soupe de poudre d'amande
- sel, poivre

1 Faites décongeler les pétoncles, rincez-les rapidement sous l'eau fraîche et égouttez-les, puis épongez-les sur du papier absorbant.

2 Dans une poêle, faites fondre 20 g de beurre. Ajoutez les pétoncles dans la poêle et faites-les dorer rapidement en les retournant.

3 Arrosez les pétoncles de vin blanc et faites-les bouillir à feu vif pendant 2 minutes, juste le temps que l'alcool s'évapore. Salez et poivrez. Retirez la poêle du feu.

4 Faites ramollir le reste de beurre dans un bol au micro-ondes. Ajoutez le persil haché, la chapelure, la poudre d'amande et le curry. Mélangez intimement.

5 Disposez les pétoncles dans des petits ramequins avec leur jus de cuisson et versez la préparation au curry par-dessus. Passez sous le gril du four pendant 5 minutes et servez sans attendre.

› Mon astuce

Vous pouvez présenter des portions de pétoncles dans leur coquille ou dans des coquilles de Saint-Jacques du commerce. Il existe également des ramequins en forme de coquille Saint-Jacques qui feront très bien l'affaire.

Préparation : 10 minutes | Cuisson : 10 minutes | Réalisation : facile | Coût : assez cher

Les pétoncles sont de délicieux petits mollusques qui cuisent vite et s'accommodent facilement. Cette recette rapide à exécuter peut faire l'objet d'une entrée de fête ou d'un plat accompagné de riz ou de pâtes.

› Ma variante

Vous pouvez supprimer la poudre d'amande et faire cuire l'ensemble à la poêle, dans l'ordre indiqué. Arrosez d'un filet de citron au moment de servir.

Ragoût de poisson *aux petits légumes*

Ingrédients
(pour 4 personnes)

600 g de colin

1 gousse d'ail

2 carottes

1 poireau

1 oignon

300 g de brocoli

15 cl de vin blanc

2 cuillères à soupe de crème fraîche

1 cuillère à soupe d'huile d'olive

1 noix de beurre

2 cuillères à soupe de persil ciselé

sel, poivre

1 Pelez les carottes, l'ail et l'oignon. Émincez finement l'oignon, coupez les carottes en rondelles. Dégermez et écrasez la gousse d'ail.

2 Fendez le poireau dans la longueur et rincez-le. Retirez la base et les feuilles vertes, émincez-le. Rincez le brocoli et séparez les bouquets. Détaillez le poisson en cubes de 2 à 3 cm de côté.

3 Dans une grande sauteuse antiadhésive, faites chauffer 1 noix de beurre et 1 cuillerée à soupe d'huile d'olive. Faites sauter les légumes et l'ail à feu vif en remuant régulièrement.

4 Au bout de 5 à 7 minutes, versez le vin blanc et la crème. Salez et poivrez. Mélangez et baissez le feu. Ajoutez aussitôt les cubes de poisson et le brocoli.

5 Couvrez et laissez mijoter à peine 10 minutes. Versez la préparation dans un plat chaud et saupoudrez-la de persil ciselé. Servez aussitôt.

› Accompagnement

Le prix de ce plat dépend du choix du poisson. Optez de préférence pour un poisson blanc à chair ferme, comme le colin, le cabillaud ou le lieu jaune.
Pour un repas plus chic, utilisez des queues de lotte ou du saumon.
Pour un plat vraiment léger, utilisez de la crème allégée, de 3 % à 15 % de matière grasse.

Préparation : 10 minutes | *Cuisson : 20 minutes* | *Réalisation : facile* | *Coût : bon marché*

Voici un plat complet et léger, au fumet délicieux et aux couleurs gaies. Une recette sans prétention qui séduira les amateurs de diététique.

Mon astuce

Une variante de cette recette : vous pouvez parfumer ce ragoût de poisson avec 1 cuillerée à café de curry et 1 pincée de piment de Cayenne. Vous pouvez remplacer les brocolis par 200 g de champignons de Paris émincés.

Rougets à la feta *en papillotes*

Ingrédients
(pour 4 personnes)

- 8 filets de rougets surgelés
- 200 g de feta marinée en bocal
- 1 citron
- 200 g de tomates cerises
- 2 échalotes
- 25 cl de crème fraîche
- 300 g de tagliatelles fraîches
- sel, poivre

1 Préchauffez le four à 210 °C (th. 7). Découpez 4 carrés dans du papier d'aluminium. Posez sur chaque carré 2 filets de rougets surgelés.

2 Répartissez la moitié des dés de feta sur les rougets. Versez par-dessus un filet de marinade d'huile et d'herbes de Provence du bocal de feta. Rincez le citron et coupez-le en rondelles.

3 Salez, poivrez et couvrez chaque papillote d'une rondelle de citron. Refermez hermétiquement les papillotes et enfournez-les 15 minutes.

4 Pendant ce temps, préparez la sauce : épluchez et émincez les échalotes. Rincez et coupez les tomates cerises en deux. Faites fondre les échalotes dans un peu d'huile avec le reste de feta.

5 Ajoutez les tomates, la crème fraîche, salez et poivrez. Remuez au fouet. Plongez les pâtes 2 ou 3 minutes dans une casserole d'eau bouillante salée. Servez la sauce à part.

› Ma variante

Si vous n'avez pas le temps ni l'envie de servir une sauce à part, disposez 2 filets de rouget sur chaque feuille de papier d'aluminium. Arrosez d'un filet d'huile d'olive, d'ail surgelé, de persil ciselé et de dés de tomates. Salez, poivrez et enfournez 15 minutes.

Préparation : 15 minutes | Cuisson : 15 minutes | Réalisation : facile | Coût : assez cher

Une association originale entre ce petit poisson de grande qualité et ce fromage de lait de brebis qui entre traditionnellement dans la composition de la salade grecque.

Mon astuce

Le rouget à la chair très délicate ne doit pas cuire longtemps. Si vous le cuisinez entier, il faut l'écailler et le nettoyer. Optez pour des filets de rougets surgelés, pratiques et moins chers à l'achat.

Saumonette *à la provençale*

Ingrédients
(pour 4 personnes)

- 800 g de saumonette
- 2 poivrons (rouge et vert)
- 1 oignon
- 2 gousses d'ail
- 1 boîte de tomates pelées
- 15 cl de vin blanc sec
- 2 cuillères à soupe d'huile d'olive
- 2 brins de thym
- persil
- sel, poivre

1 Pelez l'ail et l'oignon. Émincez l'oignon et écrasez les gousses d'ail au presse-ail. Lavez les poivrons. Ouvrez-les, retirez la queue et les pépins et coupez-les en lamelles.

2 Faites chauffer l'huile dans une cocotte. Faites revenir doucement l'oignon. Pendant ce temps, coupez les tomates pelées en morceaux.

3 Ajoutez dans la cocotte l'ail, les poivrons, les morceaux de tomates avec leur jus, le vin blanc et le thym. Mélangez et portez à ébullition.

4 Incorporez la saumonette coupée en quatre morceaux. Salez et poivrez. Couvrez et laissez cuire à petits bouillons pendant 15 à 20 minutes.

5 Retirez le couvercle et remuez. Faites réduire le jus à feu vif pendant 2 minutes. Versez le tout dans un plat de service et saupoudrez de persil ciselé. Servez aussitôt.

› Accompagnement

Servez avec du riz ou une ratatouille.

Préparation : 15 minutes | *Cuisson : 25 minutes* | *Réalisation : facile* | *Coût : bon marché*

Tendre et dépourvue d'arêtes, la saumonette réconciliera de nombreuses personnes avec le poisson.

› Mon astuce

Vous pouvez ajouter des olives vertes et noires et des épices, comme 1 cuillerée de curry ou de paprika. Vous pouvez remplacer la saumonette par des queues de lotte.

Steak de thon *à la salsa*

Ingrédients
(pour 4 personnes)

- 4 tranches de thon
- 5 tomates
- 2 échalotes
- 1 poivron rouge
- 10 brins de persil
- 1/2 petit piment rouge
- 2 cuillères à soupe d'huile d'olive
- sel, poivre

1 Plongez les tomates 30 secondes dans de l'eau bouillante pour pouvoir les peler facilement. Passez-les sous l'eau froide.

2 Pelez les tomates, épépinez-les et coupez-les en petits dés. Lavez et hachez le persil et les échalotes. Ajoutez-les aux tomates. Salez et poivrez.

3 Débarrassez le poivron de son pédoncule et de ses pépins. Coupez-le en petits dés et incorporez-le aux tomates. Hachez le piment après l'avoir épépiné et ôté la membrane intérieure.

4 Versez l'huile d'olive dans une grande poêle. Une fois celle-ci bien chaude, faites cuire 2-3 minutes les tranches de thon sur chaque face. Elles doivent rester rosées.

5 Vérifiez l'assaisonnement de la sauce et ajoutez-lui 1 cuillerée à soupe d'huile d'olive. Servez la sauce à part. Ne laissez pas refroidir les tranches de thon, servez aussitôt.

› Accompagnement

Servez avec du riz basmati nature.

Préparation : 15 minutes | *Cuisson : 5 minutes* | *Réalisation : facile* | *Coût : cher*

Sortez des sentiers battus et invitez vos hôtes autour d'un steak de la mer bien relevé. Attention tout de même de ne pas avoir la main trop lourde sur le piment.

› Mon astuce

Pour adoucir le piment, laissez-le tremper 30 minutes dans un bol d'eau froide.

Tempura *de Saint-Jacques*

Ingrédients
(pour 4 personnes)

- 20 noix de Saint-Jacques
- 150 g de farine
- 2 jaunes d'œufs
- 25 cl d'eau glacée
- 1 cuillère à café de gingembre en poudre
- huile pour friture

1 Dans un saladier, battez les jaunes d'œufs, arrosez-les d'eau glacée en continuant à battre. Ajoutez la farine et mélangez jusqu'à obtenir une pâte lisse et homogène.

2 Salez, ajoutez le gingembre à la préparation, mélangez et réservez. Rincez les noix de Saint-Jacques, puis séchez-les dans du papier absorbant.

3 Faites chauffer l'huile dans une friteuse ou dans une casserole remplie à mi-hauteur. Trempez les noix de Saint-Jacques dans la pâte de manière à bien les en enrober.

4 Plongez les Saint-Jacques dans la friture à l'aide d'une écumoire et laissez-les frire en les retournant régulièrement jusqu'à ce qu'elles soient bien dorées.

5 Sortez-les au fur et à mesure avec l'écumoire et déposez-les sur une épaisse couche de papier absorbant. Présentez-les dans un plat et servez-les immédiatement.

› Accompagnement

Vous pouvez confectionner une sauce japonaise pour servir avec les tempura : il vous faudra 1 gousse d'ail écrasée, 1/2 cuillerée à café de gingembre, 1/2 cuillerée à café de piment en poudre, 1 cuillerée à soupe de sucre, 1 cuillerée à soupe de vinaigre blanc, 3 cuillerées à soupe de sauce soja et autant d'eau. Mélangez le tout, c'est prêt !

Préparation : 10 minutes | Cuisson : 10 minutes | Réalisation : facile | Coût : cher

Le tempura est une pâte à beignets d'origine japonaise, légère, très rapide à préparer et à cuire. Simple et délicieux, pour un repas raffiné.

› Mon marché

Faites ouvrir les coquilles par votre poissonnier. Les noix de Saint-Jacques fraîches sont assez chères, mais vous en trouverez de surgelées à moindre coût. Faites-les décongeler avant de réaliser la recette. Vous pouvez réaliser des tempura avec d'autres poissons assez fermes (cabillaud, julienne, lieu) que vous découperez en cubes.

Viandes et volailles

Agneau *au miel*

Ingrédients
(pour 4 personnes)

- 1 kg d'épaule d'agneau désossée
- 150 g de miel liquide
- 200 g d'oignons grelots
- 3 cm de gingembre frais
- 1 bâton de cannelle
- 1 dose de safran
- 1 cuillère à soupe d'huile d'olive
- 250 g de riz basmati
- quelques pistaches (facultatif)
- sel, poivre

1 Pelez le gingembre et hachez-le. Pelez les oignons, mais laissez-les entiers. Coupez la viande en cubes.

2 Dans une cocotte, faites revenir les morceaux de viande dans l'huile d'olive et laissez-les dorer. Ajoutez la cannelle, le safran, le gingembre, les oignons, du sel et du poivre.

3 Arrosez de miel, couvrez d'eau à hauteur et faites cuire à feu très doux 2 h 30. Vingt minutes avant la fin de la cuisson, portez une grande casserole d'eau à ébullition.

4 Plongez le riz dans l'eau bouillante le temps indiqué sur l'emballage. Concassez grossièrement les pistaches.

5 Dans une grande assiette de présentation, disposez un peu de viande et posez par-dessus un bol de riz saupoudré de pistaches.

› Accompagnement

Servez avec un vin rouge assez puissant comme un merlot.

Préparation : 20 minutes | Cuisson : 2 heures 30 | Réalisation : facile | Coût : cher

Un plat mijoté est toujours un plat convivial. Très pratique, on peut le servir en plat unique. La cuisson est certes longue, mais le temps passé en cuisine est minime.

› Mon astuce

Vous pouvez servir ce plat avec des pommes de terre à la vapeur ou de la semoule cuite à la vapeur parsemée de brins de coriandre.

Aiguillettes de canard *au poivre vert*

Ingrédients
(pour 4 personnes)

- 400 g de filets de canard
- 2 cuillères à soupe de poivre vert en saumure
- 4 cuillères à soupe de crème fraîche
- 1 cuillère à soupe d'huile
- 1 cuillère à soupe de cognac
- 1 cuillère à soupe de persil ciselé
- sel, poivre

1 Retirez la peau des filets de canard à l'aide d'un couteau et en tirant dessus. Coupez les filets en tranches assez larges dans le sens de la longueur pour former des aiguillettes.

2 Faites chauffer l'huile dans une grande poêle antiadhésive. Faites-y cuire les aiguillettes à feu vif pendant 5 à 7 minutes en les retournant. Salez et poivrez en fin de cuisson.

3 Versez le cognac et grattez la poêle pour déglacer les sucs de cuisson. À l'aide d'une écumoire, retirez les aiguillettes de canard.

4 Baissez le feu, mettez dans la poêle le poivre vert égoutté et la crème fraîche. Mélangez et laissez cuire 2 ou 3 minutes en remuant, jusqu'à ce que la crème commence à bouillir.

5 Remettez les aiguillettes dans la poêle, mélangez pendant 2 minutes. Présentez dans un plat de service et saupoudrez de persil. Servez aussitôt.

› Accompagnement

Servez avec une purée de céleri ou de carottes.

Préparation : 5 minutes | Cuisson : 15 minutes | Réalisation : facile | Coût : bon marché

Le poivre vert a tous les atouts pour assaisonner une sauce des plus raffinées en un rien de temps. La viande de canard à la saveur prononcée s'accorde bien avec des parfums relevés.

› Ma variante

Remplacez le cognac par du vinaigre de Xérès.
Vous pouvez préparer cette sauce pour accompagner d'autres viandes rouges.

Blanquette de veau *facile*

Ingrédients
(pour 4 personnes)

1,5 kg de veau

1 cube de bouillon de poulet

1 cube de bouillon de légumes

2 carottes

1 gros oignon

1 petite boîte
de champignons coupés

1 pot de crème fraîche de 20 cl

le jus d'un citron

1 jaune d'œuf

2 cuillères de farine

1 verre de vin blanc

sel et poivre

1 Coupez la viande en morceaux. Dans une cocotte, faites revenir la viande dans du beurre jusqu'à ce que les morceaux soient bien dorés.

2 Saupoudrez de 2 cuillères de farine. Mouillez avec 3 verres d'eau. Remuez pour bien lier les aliments.

3 Ajoutez les 2 cubes de bouillon et le vin. Remuez plusieurs minutes. Coupez les carottes en rondelles et les oignons en dés, ajoutez-les ainsi que les champignons.

4 Laissez mijoter à feu très doux environ 1h30 à 2h. Vérifiez que la cuisson n'est pas trop rapide. Si nécessaire, rajoutez de l'eau de temps en temps.

5 Dans un bol, mélangez la crème fraîche, le jaune d'œuf et le jus de citron. Ajoutez cette préparation au dernier moment, servez aussitôt.

› Mon marché

Inutile d'ouvrir une bouteille de vin blanc, spécialement pour faire la recette. Vous trouverez en magasin, du vin ordinaire sous forme de brique d'une contenance de 20 cl, qui fera très bien l'affaire.

Préparation : 15 minutes | Cuisson : 2 heures | Réalisation : facile | Coût : assez cher

Rien de tel qu'une tablée d'amis qui se régalent autour d'un plat traditionnel, apprécié de tous. Un quart d'heure seulement de préparation, il suffit ensuite de laisser la blanquette mijoter pendant l'apéro. Pourquoi s'en priver !

› Ma variante

Le veau est une viande de grande finesse, qui donne de l'onctuosité à ce plat. Il peut néanmoins être remplacé par des blancs de dinde pour un repas classique.

Bœuf à la tomate *et au basilic*

Ingrédients
(pour 4 personnes)

- 600 g d'entrecôte
- 1 boîte de tomates pelées
- 2 cuillères à soupe de farine
- 2 cuillères à soupe d'huile
- 1 noix de beurre
- 1 oignon
- 4 cuillères à soupe de vinaigre balsamique
- 2 cuillères à soupe de basilic
- sel, poivre

1 Sur une planche, coupez la viande en gros dés. Mettez-la dans une assiette creuse. Saupoudrez-la de farine en enrobant bien la viande.

2 Dans une sauteuse, faites chauffer le beurre et l'huile. Ajoutez les morceaux de viande et faites-les dorer à feu assez vif. Retirez la sauteuse du feu et réservez la viande dans une assiette.

3 Pelez l'oignon et hachez-le. Hachez grossièrement les tomates. Dans la sauteuse où a cuit la viande, faites cuire à feu vif l'oignon, les tomates hachées avec leur jus ainsi que le vinaigre.

4 Remuez bien les ingrédients avec une spatule. Au bout de 5 minutes, ajoutez la viande. Salez et poivrez. Faites cuire le tout en remuant pendant 5 à 10 minutes.

5 En fin de cuisson, saupoudrez de basilic et mélangez bien. Versez le tout dans un plat de service et servez chaud.

› Ma varainte

Vous pouvez réaliser cette recette avec de la viande hachée, ou de la viande de bœuf pour bourguignon mais, dans ce cas, comptez 1 h 30 de cuisson au minimum. Pour parfumer ce plat, ajoutez 1 cuillère à café de paprika à la sauce tomate ou remplacer le basilic par de l'ail et un piment rouge haché ou du poivre de Cayenne pour relever l'ensemble.

Préparation : 10 minutes | Cuisson : 20 minutes | Réalisation : facile | Coût : assez cher

Voici un plat simple et rapide à la portée de tous, qui fera un effet bœuf ! C'est la sauce tomate, douce et parfumée, qui rend la viande savoureuse.

› Mon astuce

Vous pouvez présenter ce plat de viande en sauce sur un lit de pâte ou de riz. Dans une poêle, vous pouvez préparer une sauce tomate comme indiqué dans la recette et la servir avec de la viande grillée au barbecue.
Pour gagner du temps, il est possible d'utiliser des oignons hachés congelés.

Boulettes d'agneau *au boulgour*

Ingrédients
(pour 4 personnes)

- 250 g de boulgour
- 500 g d'agneau haché
- 1 oignon
- 1 œuf
- 1 cuillère à café d'ail haché
- 1 cuillère à café de cannelle
- 1 cuillère à café de cumin
- 5 cuillères à soupe d'huile d'olive
- quelques feuilles de coriandre

Pour la sauce :

- 1 concombre
- 2 yaourts
- sel, poivre

1 Mettez le boulgour dans un saladier et versez dessus de l'eau à hauteur. Laissez-le gonfler 1 heure.

2 Égouttez bien le boulgour et mettez-le dans un saladier avec la viande. Mélangez avec les doigts la viande et les graines.

3 Épluchez et émincez l'oignon en petits cubes. Ajoutez-les à la viande, incorporez les épices et l'ail. Battez l'œuf en omelette et versez-le sur la préparation. Amalgamez bien le tout.

4 Après avoir salé et poivré, constituez une douzaine de boulettes. Badigeonnez-les d'huile et faites-les cuire 10 minutes dans une sauteuse.

5 Préparez la sauce : épluchez, coupez, puis mixez le concombre. Ajoutez les yaourts et le jus de citron, salez et poivrez. Servez avec les boulettes et quelques feuilles de coriandre ciselées.

› Accompagnement

Servez avec un gratin d'aubergines.

Préparation : 15 minutes | Cuisson : 25 minutes | Réalisation : facile | Coût : assez cher

Les boulettes de viande sont un vrai régal et comportent le grand avantage d'être pratiques à manger. Pour un déjeuner avec les enfants, un buffet.

› Mon marché

Traditionnellement consommé au Moyen-Orient, le boulgour est du blé concassé, qui se déguste en plat unique ou en accompagnement d'une viande.

Boulettes de bœuf *à la tomate*

Ingrédients
(pour 4 personnes)

- 5 steaks de bœuf haché (à 15 % de matière grasse)
- 100 g d'oignons en cubes ou émincés surgelés
- Tomates à l'italienne surgelées
- Farine
- 2 cuillères à soupe de persil haché surgelé
- 2 cuillères à soupe de ciboulette coupée surgelée
- 1 œuf
- Huile de tournesol
- Sel et poivre

1 Mélangez dans un saladier les steaks hachés, les oignons surgelés, l'œuf entier, le persil et la ciboulette.

2 Prenez une cuillère à café de ce mélange et roulez une boulette entre vos mains. Réalisez chaque boulette de cette façon.

3 Farinez votre plan de travail. Passez chaque boulette dans la farine.

4 Faites chauffer 3 cuillères à soupe d'huile dans une poêle. Faites cuire les boulettes quelques minutes, salez et poivrez.

5 Passez les tomates à l'italienne 5 min au micro-ondes et servez chaud avec les boulettes.

› Accompagnement

Servez avec un riz basmati pour une saveur exotique.

Préparation : 20 minutes | Cuisson : 5 minutes | Réalisation : facile | Coût : assez cher

On a perdu l'habitude de consommer la viande sous cette forme.
Avec l'arrivée du surgelé, la préparation est aussi rapide que facile !

Mon astuce

Les tomates à l'italienne (généralement sous forme de cubes) se trouvent dans les magasins spécialisés en surgelés. Si vous n'avez pas le temps d'y aller, les boîtes de conserve de concassées de tomates sont parfaites ; existent aussi les boîtes de tomates pelées entières. Il suffira alors de découper les tomates en quartiers, de les faire revenir à l'huile d'olive dans la poêle en ayant bien pris soin de retirer leur jus.

Chili con carne *express*

Ingrédients
(pour 6 personnes)

- 600 g de steak haché
- 250 g d'oignons émincés surgelés
- 1 boîte de haricots rouges
- 1 bouillon cube
- 1 petite boîte de concentré de tomates
- 1 pincée de cumin
- 2 cuillères à soupe d'huile d'olive
- quelques gouttes de tabasco

1 Faites chauffer l'huile d'olive dans une sauteuse. Émincez les oignons et faites-les revenir à l'huile.

2 Comme les oignons sont surgelés, ils vont rendre beaucoup d'eau. Travaillez sur feu doux, attendez que toute l'eau soit totalement évaporée et faites-les revenir quelques minutes.

3 Ajoutez la viande hachée, le cumin, le concentré de tomates et quelques gouttes de tabasco. Salez.

4 Délayez le cube dans 1/2 l d'eau bouillante. Ajoutez à la préparation, remuez et laissez cuire à feu doux.

5 Égouttez les haricots et incorporez-les à la préparation. Remuez et poursuivez la cuisson encore 5 minutes. Servez sans attendre.

› Accompagnement

Servez avec des chips de maïs et du guacamole.

Un brin de saveur d'Amérique latine dans notre assiette, avec une recette toute simple qui plaira à tous. Servez-la avec des tortillas, du guacamole, des tomates à l'oignon, et vous voilà déjà au Mexique !

› Ma variante

Si vous refusez vraiment d'utiliser des haricots en conserve, il faudra penser à commencer votre préparation la veille, en laissant tremper les haricots toute la nuit. Le lendemain, vous les ferez cuire 1 heure avant de les inclure à la préparation.

Croque-monsieur *au bœuf tex mex*

Ingrédients
(pour 4 personnes)

- 8 tranches de pain de mie
- 250 g de bœuf haché
- 1 oignon
- 1 poivron vert
- 2 cuillères à soupe de crème fraîche
- 1 cuillère à soupe de concentré de tomates
- 1 poivron rouge
- 1 cube de bouillon
- 1/2 cuillère à café de coriandre moulue
- 1/2 cuillère à café de cannelle moulue
- 2 cuillères à soupe d'huile
- sel, poivre

1 Pelez l'oignon, émincez-le et faites-le revenir à l'huile dans une sauteuse. Coupez les poivrons en deux, épépinez-les et coupez-les en lamelles.

2 Ajoutez les lamelles de poivron, la viande hachée, la cannelle et la coriandre moulues. Mélangez avec une cuillère en bois et laissez cuire 5 minutes.

3 Ajoutez le concentré de tomates, salez très légèrement et poivrez. Mouillez d'un verre d'eau avec le bouillon cube émietté. Remuez et laissez cuire à feu doux 20 minutes, à couvert.

4 Éliminez les croûtes du pain de mie et faites légèrement griller les tranches. Au besoin, retirez l'excédent de jus de cuisson de la viande.

5 Recouvrez 4 tranches de pain de viande hachée. Mettez par-dessus un peu de crème fraîche. Recouvrez des tranches de pain de mie restantes.

› Accompagnement

Servez avec une sauce chili et du cheddar râpé.

Préparation : 20 minutes | Cuisson : 30 minutes | Réalisation : facile | Coût : bon marché

Une soirée entre copains autour de croque-monsieur… tout droit venus du Mexique.
Ajoutez du guacamole, quelques tacos et la soirée sera bien partie…

Ma variante

Vous pouvez remplacer le bœuf haché par des lamelles de poulet. Pour une soirée tex mex, proposez du guacamole et de la salsa mexicaine (sauce tomate pimentée) avec des chips de maïs. Servez une margarita et faites suivre de vos croque-monsieur.

Croustillants *de poulet*

Ingrédients
(pour 4 personnes)

- 3 cuisses de poulet
- 4 feuilles de brick
- 1 crottin de chèvre
- 1 oignon
- 1 gousse d'ail
- 1 cube de bouillon
- 20 g de beurre

1 Portez à ébullition 1 litre d'eau dans une petite casserole. Ajoutez le cube de bouillon et mélangez pour le délayer.

2 Dans une cocotte huilée, faites revenir les cuisses de poulet 10 minutes de chaque côté. Mouillez avec le bouillon. Couvrez et laissez mijoter 45 minutes. Préchauffez le four à 180 °C (th. 6).

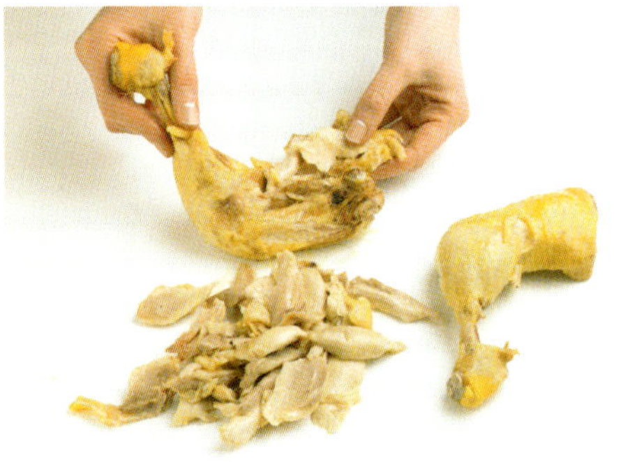

3 Retirez la chair des cuisses de poulet, émiettez-la dans un saladier et réservez-la. Épluchez l'ail et l'oignon et émincez-les. Rincez la cocotte et faites revenir la viande de poulet dans le beurre.

4 Ajoutez l'ail et l'oignon, laissez cuire 15 minutes. À l'aide d'un verre, découpez 12 disques dans les feuilles de brick, badigeonnez-les de beurre fondu et posez-les sur la plaque du four.

5 Enfournez 5 minutes. Posez un disque de brick dans chaque assiette, couvrez-le de poulet, d'un disque de brick, de poulet et à nouveau d'un disque. Répartissez le chèvre sur les mille-feuilles.

› Accompagnement

Servez avec une salade verte.

Préparation : 20 minutes | Cuisson : 1 heure 15 | Réalisation : facile | Coût : bon marché

Un plat des plus délicats, pas très compliqué à confectionner…
Vous apprécierez le contraste entre le fondant de la viande et le croquant des feuilles de brick.

› Ma variante

Vous pouvez remplacer les cuisses de poulet par des cuisses de canard ou de pintade. Vous pouvez ajouter une poignée de pignons de pin grillés dans une poêle sans matière grasse. Il vaut mieux badigeonner les disques de brick de beurre fondu, mais cette étape n'est pas indispensable si vous manquez de temps.

Curry *d'agneau*

Ingrédients
(pour 4 personnes)

- 800 g d'épaule d'agneau désossée
- 3 cuillères à soupe de pâte de curry
- 1 dose de safran en filaments
- 3 oignons blancs
- 2 gousses d'ail
- 3 yaourts nature
- 100 g de noix de cajou
- 100 g de noix de coco râpée
- 4 cuillères à soupe d'huile d'olive
- 2 pommes
- 1 cuillère à soupe de pistaches mondées
- 300 g de riz basmati

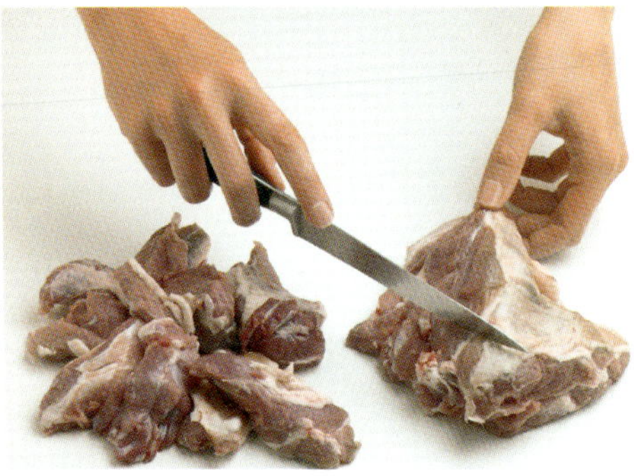

1 Détaillez la viande en gros cubes réguliers et faites-les revenir à l'huile d'olive dans une cocotte en fonte pendant 5 minutes. Salez et poivrez.

2 Épluchez les gousses d'ail et les oignons, émincez-les et mettez-les dans la cocotte. Pelez les pommes, épépinez-les, coupez-les en quartiers, puis en dés. Mettez-les dans la cocotte.

3 Ajoutez les noix de cajou, la noix de coco et le safran. Dans un bol, mélangez la pâte de curry et les yaourts, versez le mélange dans la cocotte et remuez. Au besoin, ajoutez un peu d'eau.

4 Laissez mijoter à couvert 1 heure. Pendant ce temps, portez une casserole d'eau à ébullition et faites cuire le riz le temps indiqué.

5 Égouttez le riz et ajoutez les pistaches mondées. Servez l'agneau à part.

› Accompagnement

Servez avec du riz.

Préparation : 15 minutes | Cuisson : 1 heure 10 | Réalisation : facile | Coût : assez cher

Voici un plat exotique inratable, vite réalisé et qui donne l'impression d'avoir été longuement mijoté. Préparez-le avant l'arrivée de vos invités et faites-le cuire pendant l'apéritif.

› Mon astuce

Pour un repas d'exception, accompagnez le curry d'un chutney de fruits ou de lamelles de pomme et de banane.

Émincé de dinde *à la moutarde*

Ingrédients
(pour 4 personnes)

- 600 g de filets de dinde
- 50 g de beurre
- 1 œuf
- 1 petit verre de vin blanc sec
- 3 cuillères à café de moutarde à l'estragon
- 30 cl de crème fraîche
- sel, poivre

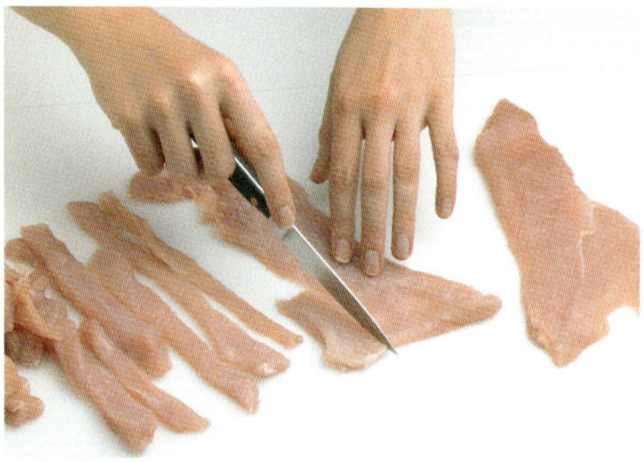

1 Coupez les filets de dinde en lanières. Faites-les revenirde chaque côté dans une sauteuse avec du beurre. Réservez.

2 Mettez la moutarde dans la poêle. Versez le vin blanc et portez à ébullition sur feu vif. Délayez bien.

3 Baissez le feu et ajoutez les lanières de dinde dans la poêle. Laissez-les cuire 8 minutes. Réservez-les.

4 Cassez l'œuf, mettez le jaune dans un bol et réservez le blanc pour une autre préparation. Ajoutez la crème fraîche dans le bol. Délayez bien.

5 Versez cette préparation dans la poêle. Salez et poivrez. Ajoutez la viande dans la poêle, juste pour la réchauffer. Servez aussitôt.

› Ma variante

La moutarde à l'estragon se marie parfaitement avec la dinde, mais il existe d'autres parfums qui vous permettront de varier cette recette à l'infini, notamment la moutarde au miel, au poivre vert, au basilic, au cresson, au piment d'Espelette…

Préparation : 15 minutes | *Cuisson : 10 minutes* | *Réalisation : facile* | *Coût : bon marché*

Un plat léger comme l'air, qui n'a rien de fade. Il se prépare en un rien de temps et ne nécessite qu'un temps de cuisson très réduit. Que demander de plus ?

› Mon marché

Inutile de déboucher une bouteille de vin pour l'élaboration de cette recette.
Vous trouverez au supermarché des briques de vin ordinaire d'une contenance de 20 cl tout à fait adaptées.

Filets de poulet panés *au parmesan*

Ingrédients
(pour 4 personnes)

400 g de filet de poulet

2 œufs

2 cuillères à soupe de farine

2 cuillères à soupe de parmesan râpé

2 cuillères à soupe de chapelure

2 cuillères à soupe d'huile

1 citron

persil

sel, poivre

1 Coupez les filets de poulet en deux dans l'épaisseur si nécessaire. Placez-les dans un film alimentaire et étalez-les au rouleau à pâtisserie.

2 Dans une assiette creuse, mélangez la chapelure avec le parmesan râpé, le sel et le poivre. Dans une deuxième assiette, mettez les œufs battus et, enfin, dans une troisième assiette, la farine.

3 Faites chauffer l'huile dans une poêle. Trempez les filets sur toute leur surface et de chaque côté successivement dans la farine, dans les œufs battus et dans la panure, qui doit bien adhérer.

4 Faites cuire les filets panés dans l'huile chaude, à feu modéré, pendant 10 minutes en les retournant. Surveillez la cuisson : la panure ne doit pas brûler.

5 Coupez le citron en tranches fines. Disposez au fur et à mesure de leur cuisson les filets de poulet dans un plat de service. Saupoudrez de persil ciselé et présentez avec une rondelle de citron.

› Accompagnement

Pour la plus simple des panures, il suffit de tremper de fins filets de viande blanche dans des œufs battus, puis dans la chapelure, et de les faire frire à la poêle. Les Milanais ajoutent du fromage et les Viennois trempent l'escalope successivement dans le lait, la farine, les œufs battus et la chapelure.

Selon le principe de l'escalope milanaise ou viennoise, de fins filets de viande panés, croustillants et tendres, font toujours sensation et sont rapides à cuisiner.

› Ma variante

Vous pouvez enrichir votre chapelure d'herbes sèches ciselées ou de céréales, comme des flocons d'avoine ou de maïs (du type corn flakes) ou encore des graines de sésame.

Hamburger *maison*

Ingrédients
(pour 4 personnes)

- 1 kg de frites précuites surgelées
- 600 g de bœuf haché
- 4 tranches de cheddar
- 4 pains au sésame
- 1 échalote
- 4 feuilles de laitue
- 2 tomates
- 4 cornichons aigres-doux
- moutarde
- ketchup
- 1 cuillère à soupe d'huile d'olive
- sel, poivre

1 Préchauffez le four à 210 °C (th. 7). Recouvrez la lèchefrite de papier sulfurisé, répartissez les frites surgelées par-dessus et laissez-les dorer 15 à 20 minutes.

2 Confectionnez 4 boules de viande hachée, Aplatissez-les pour en faire des steaks. Épluchez l'oignon et coupez-le en rondelles.

3 Faites dorer les petits pains sous le gril du four. Tartinez-les de moutarde. Faites dorer les rondelles d'oignon dans 1 cuillerée à soupe d'huile d'olive.

4 Posez les oignons sur la moutarde, puis les tomates et les cornichons coupés en rondelles, les feuilles de laitue et le fromage. Faites cuire la viande 2 minutes de chaque côté.

5 Disposez les disques de viande bien chauds sur le fromage, recouvrez de 1 cuillerée de ketchup, fermez avec le dessus du pain. Servez aussitôt avec les frites.

› Accompagnement

Servez avec des sodas bien connus.

*Une soirée qui fera plaisir aux petits, mais pas uniquement...
Recevez en toute décontraction un soir de match de foot, par exemple !
Tout le monde sera ravi.*

› Mon astuce

Si la plaque de cuisson ne suffit pas, répartissez les frites sur une deuxième plaque et disposez-les l'une sous l'autre dans le four.

Lapin *aux poivrons rouges*

Ingrédients
(pour 4 personnes)

- 1 lapin coupé en morceaux
- 2 boîtes de tomates concassées
- 4 poivrons rouges
- le jus de 2 citrons
- 8 cuillères à soupe d'huile d'olive
- 2 cuillères à soupe de thym
- 2 feuilles de laurier
- sel, poivre

1 Dans un plat creux, faites mariner 1 heure les morceaux de lapin avec la moitié du jus de citron, 4 cuillerées à soupe d'huile d'olive, le thym et les feuilles de laurier.

2 Lavez les poivrons, essorez-les, coupez-les en deux, épépinez-les et coupez-les en lanières assez fines.

3 Dans une cocotte, faites chauffer 3 cuillerées à soupe d'huile d'olive. Faites cuire les poivrons 15 minutes. Ajoutez les tomates, salez et poivrez, couvrez et laissez cuire 30 minutes.

4 Réservez le jus de la marinade. Faites dorer les morceaux de lapin dans une poêle avec le reste d'huile d'olive. Mettez le lapin dans la cocotte, arrosez-le du jus de la marinade.

5 Laissez cuire encore 30 minutes. Servez bien chaud, après avoir retiré les feuilles de laurier.

› Accompagnement

Servez avec une palenta ou des pâtes fraîches.

Le lapin à la chair très délicate est idéal pour réaliser un plat à la fois convivial et très fin. Oubliez pour un soir le classique lapin à la moutarde.

› Mon conseil

Au même titre que toutes les autres viandes blanches (poulet, dinde, veau...), le lapin a l'avantage d'être peu calorique (de 120 à 160 Kcal/100 g). Vous pouvez cuire les morceaux en papillotes au four avec des herbes de Provence et un filet d'huile d'olive pour conserver ses qualités diététiques.

Osso-buco *de dinde*

Ingrédients
(pour 4 personnes)

- 4 hauts de cuisse
- 1 boîte de tomates concassées
- 1 boîte de concentré de tomate
- 200 g de riz
- 1 cuil. à soupe de farine
- 2 cuillères à soupe d'huile d'olive
- 2 oignons, 1 gousse d'ail
- 25 cl de vin blanc
- 1 pincée de piment d'Espelette
- 1 citron
- 100 g de parmesan râpé
- 2 cuillères à soupe de persil ciselé
- 2 cuillères à soupe de crème fraîche
- sel, poivre

1 Épluchez et émincez l'ail et les oignons. Dans une sauteuse, à feu doux, faites dorer les oignons dans l'huile d'olive.

2 Farinez les morceaux de dinde et faites-les revenir avec les oignons. Mouillez-les de vin blanc, ajoutez les tomates concassées et le concentré de tomate. Remuez délicatement.

3 Ajoutez le piment, salez et poivrez. Remuez le tout, couvrez et laissez mijoter 50 minutes. Faites cuire le riz dans une grande casserole d'eau bouillante.

4 Rincez le citron, prélevez un peu de zeste et hachez-le. Dix minutes avant la fin de la cuisson, ajoutez la crème fraîche, l'ail, le persil et le zeste et faites réduire la sauce à découvert.

5 Confectionnez des timbales de riz à l'aide d'un petit bol, renversez-les sur des assiettes et disposez la dinde et la sauce à côté. Parsemez de parmesan.

› Ma variante

Vous pouvez faire cette recette avec des cuisses de poulet.
Pour une saveur plus prononcée, ajoutez 2 cuillerées à soupe de cognac ou de whisky.
Pour une saveur plus acidulée, ajoutez le jus d'une orange 1/2 heure avant la fin de la cuisson, ou mettez uniquement du zeste d'orange.

Préparation : 10 minutes | Cuisson : 1 heure | Réalisation : facile | Coût : bon marché

Cce plat italien, traditionnellement préparé avec du jarret de veau, se fait plus léger et plus rapide à réaliser avec de la dinde. Vite fait mais succulent !

› Mon conseil

La dinde est la viande la plus maigre qui soit (115 Kcal pour 100 g). Source de protéines de très bonne qualité, elle est à privilégier dans le cadre d'une alimentation saine et équilibrée. Elle contient également bien des vitamines, notamment celles du groupe B, indispensables à l'assimilation de l'énergie.

Paupiettes de poulet *aux champignons*

Ingrédients
(pour 4 personnes)

- 4 escalopes de poulet assez fines
- 2 tranches de jambon de pays
- 1 boîte de champignons de Paris
- 2 cuillères à soupe d'échalote surgelée
- 2 cuillères à soupe de persil surgelé
- 2 cuillères à soupe de chapelure
- 100 g de beurre
- 1 citron
- sel, poivre

1 Préparez la farce. Passez les champignons rapidement sous l'eau, émincez-les et posez-les sur du papier absorbant.

2 Retirez le gras du jambon. À l'aide d'un épluche-légumes, prélevez le zeste du citron. Hachez le zeste, le jambon et les champignons.

3 Mettez la farce dans un saladier. Ajoutez le persil et l'échalote, la chapelure, le sel et le poivre et 50 g de beurre préalablement coupé en petits dés.

4 Malaxez le tout, puis divisez la farce en quatre parts égales. Disposez-en un quart sur chaque escalope de poulet. Refermez les escalopes en les roulant et attachez-les hermétiquement avec de la ficelle.

5 Faites fondre le reste de beurre dans une cocotte. Ajoutez délicatement les paupiettes, couvrez et laissez-les cuire sur toutes leurs faces pendant 35 minutes.

› Mes variantes

Pas le temps de cuisiner ? Vous trouverez d'excellentes paupiettes de volaille et de veau dans les magasins de produits surgelés. Si vos invités apprécient les champignons, accompagnez ce plat d'une poêlée forestière surgelée (girolles, cèpes, bolets, pleurotes, champignons de Paris) cuisinée dans un mélange d'ail et de beurre ou de crème, que vous n'aurez qu'à faire revenir 15 minutes à la poêle.

Préparation : 15 minutes | Cuisson : 35 minutes | Réalisation : facile | Coût : assez cher

*Voici une recette « traiteur » à réaliser à la maison en un tour de main.
Le plus délicat ? Rouler les escalopes de poulet autour de la farce et les fermer avec une ficelle.*

› Mon marché

Achetez des champignons de Paris émincés surgelés dans des magasins spécialisés, si vous les préférez aux champignons en boîte. Comme ils rendront beaucoup d'eau, pensez à les faire décongeler au micro-ondes avant de commencer la farce et laissez-les s'égoutter sur du papier absorbant.

Suprêmes de volaille *aux morilles*

Ingrédients
(pour 4 personnes)

- 4 blancs de poulet
- 4 cuillères à soupe de fond de veau déshydraté
- 4 tranches fines de bacon
- 70 g de morilles déshydratées
- 40 cl de lait
- 30 cl d'eau
- 10 cl de porto
- 20 cl de crème fraîche
- 2 cuillères à soupe d'huile
- sel, poivre
- 8 bâtonnets de bois

1 Faites tremper les morilles dans le lait pendant 20 minutes, puis égouttez-les. Faites bouillir 30 cl d'eau pour délayer le fond de veau. Ajoutez le porto.

2 Sur une planche à découper, aplatissez les blancs de poulet avec les doigts pour en faire des escalopes.

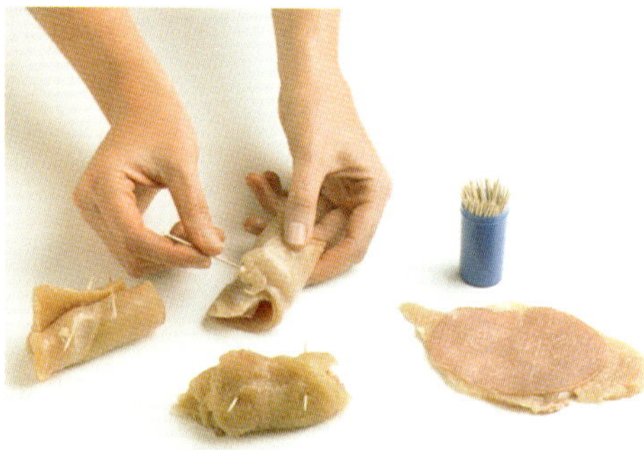

3 Disposez sur chaque escalope 1 tranche de bacon. Enroulez les escalopes et faites-les tenir avec 2 bâtonnets de bois.

4 Dans une sauteuse, faites chauffer l'huile et faites dorer les blancs de poulet. Salez et poivrez. Ajoutez les morilles, le fond de veau et la crème. Laissez cuire 20 minutes.

5 Servez à l'assiette. Vous pouvez retirer les bâtonnets et couper les suprêmes en tranches avant de les napper de sauce aux morilles.

› Accompagnement

Servez avec des tagliatelles fraîches.

Préparation : 15 minutes | *Cuisson : 20 minutes* | *Réalisation : facile* | *Coût : assez cher*

Des blancs de poulet revenus dans un fond de veau aux morilles et au porto...
Un mets d'exception qui ne demande que 15 minutes aux fourneaux.

› Mon marché

La saison des morilles est très courte : de mars à mai. Le reste de l'année, vous les trouverez séchées, il vous faudra alors les faire tremper pour les réhydrater. Vous en trouverez également réhydratées, ou en bocaux.

Tajine de poulet *au citron confit*

Ingrédients
(pour 4 personnes)

- 8 morceaux de poulet
- 1 oignon
- 2 gousses d'ail
- 3 citrons confits
- 3 cuillères à soupe d'huile d'olive
- 1 cuillère à soupe de cumin
- 1 bouquet de menthe fraîche
- sel et poivre

1 Pelez et émincez finement l'oignon. Pelez les gousses d'ail, dégermez-les et écrasez-les au presse-ail.

2 Faites chauffer l'huile dans une cocotte. Pendant ce temps, égouttez les citrons confits et coupez-les en lamelles.

3 Faites revenir l'oignon dans la cocotte. Ajoutez l'ail, les lamelles de citrons confits et les morceaux de poulet. Faites dorer le tout 5 minutes en remuant et en retournant le poulet.

4 Saupoudrez de cumin et mouillez de 0,5 litre d'eau. Salez légèrement (les citrons sont déjà salés) et poivrez. Couvrez et laissez mijoter pendant 20 minutes.

5 Lavez les feuilles de menthe, séchez-les et hachez-les. Au moment de servir, parsemez le plat de menthe. Servez bien chaud.

› Accompagnement

Servez avec de la semoule ou des pommes de terre vapeur.

Préparation : 5 minutes | *Cuisson : 30 minutes* | *Réalisation : facile* | *Coût : bon marché*

Cette recette est un classique de la cuisine marocaine. La menthe et les citrons confits confèrent saveur et fraîcheur à ce plat, à la fois léger et digeste.

› Mon marché

Pour cette recette, choisissez des pilons et des hauts de cuisse, qui sont moelleux et cuisent rapidement. Vous trouverez des citrons confits dans les grandes surfaces ou dans les épiceries exotiques.

Desserts

Cakes aux fraises et *à la fleur d'oranger*

Ingrédients
(pour 4 personnes)

175 g de sucre

175 g de beurre

4 œufs

250 g de farine

1/2 sachet de levure chimique

5 cl de lait

250 g de fraises gariguettes

2 cuillères à soupe
de fleur d'oranger

7 cuillères à soupe d'huile d'olive

sel, poivre

1 Préchauffez le four à 150 °C (th. 5). Lavez rapidement les fraises sous l'eau claire, équeutez-les et coupez-les en deux.

2 Mettez les fraises dans un bol avec l'eau de fleur d'oranger. Cassez les œufs dans un saladier. Ajoutez le sucre et remuez jusqu'à ce que le mélange blanchisse.

3 Coupez le beurre en petits morceaux et faites-le fondre au micro-ondes. Incorporez-le au mélange. Remuez et versez le lait. Remuez à nouveau.

4 À part, mélangez la levure et la farine. Incorporez-les à la préparation. Mélangez. Ajoutez les fraises avec l'eau de fleur d'oranger.

5 Versez dans des moules à cake individuels en silicone. Laissez cuire 1 h 15. Le cake est cuit lorsque la pointe d'un couteau enfoncée dans le gâteau ressort sèche. Laissez tiédir avant de démouler.

› Accompagnement

Servez avec un coulis de fraises ou de fruits rouges.

Préparation : 20 minutes | Cuisson : 1 heure 15 | Réalisation : facile | Coût : bon marché

Laissez-vous tenter une fois de plus par un cake, très facile à faire et bon marché. Ajoutez une touche d'originalité avec la fleur d'oranger et vos invités seront conquis.

Mon conseil

Après les agrumes sur les étals, place aux fraises ! Ce fruit est riche en vitamines C.
Comme il est gorgé d'eau à 90 %, sa consommation rafraîchissante contribue à la bonne hydratation de l'organisme.
Consommez les fraises natures, avec un peu de citron et un peu de sucre, ou avec de la chantilly.

Chocolat liégeois *glacé*

Ingrédients
(pour 4 personnes)

- 1/2 litre de glace à la vanille
- 1/2 litre de glace au chocolat
- 1 bombe de chantilly
- 200 g de chocolat
- 4 cigarettes russes
- granulés multicolores (facultatif)

1 Brisez le chocolat en petits morceaux et mettez les morceaux dans un récipient adapté au micro-ondes. Faites-les fondre avec 3 cuillerées à soupe d'eau.

2 Vérifiez que le chocolat est totalement fondu, remuez et, au besoin, remettez quelques instants au micro-ondes.

3 Sortez les glaces du congélateur. Disposez devant vous quatre coupes, de préférence transparentes. Versez un petit fond de chocolat fondu dans chacune.

4 Confectionnez des boules de glace et mettez-en une de chaque parfum dans chaque coupe. Recouvrez-les de chantilly. Arrosez-les du reste de la sauce au chocolat.

5 Saupoudrez chaque coupe de granulés multicolores et plantez dans la glace une cigarette russe. Servez aussitôt.

› Mon conseil

Vous pouvez remplacer la glace au chocolat par de la glace au café ou au caramel. Faites la chantilly vous-même : vous aurez besoin de 30 cl de crème liquide très froide et de 2 cuillères à soupe de sucre glace à la vanille. Placez un bol 30 minutes au congélateur pour bien le refroidir. Versez-y la crème avec le sucre glace et fouettez au batteur électrique jusqu'à épaississement.

Préparation : 10 minutes | Cuisson : 4 minutes | Réalisation : facile | Coût : bon marché

Comme au restaurant ! Voilà comment faire plaisir à tout le monde en s'absentant 10 minutes en cuisine. Un dessert qui se prépare au dernier moment et qui est inratable.

› Ma variante

Si vous n'avez pas de crème fraîche, utilisez du lait concentré comme formule de remplacement : mélangez vigoureusement au fouet une boîte de lait concentré non sucré avec 150 g de sucre glace. En 3 ou 4 minutes, une mousse se forme, que vous pouvez utiliser en chantilly.

Compote de rhubarbe, *fromage blanc*

Ingrédients
(pour 4 personnes)

- 400 g de rhubarbe
- 2 pommes
- 120 g de sucre
- 2 cuillères à café de gousse de vanille en poudre
- 100 g de framboises surgelées
- 150 g de fromage blanc

1 Rincez et retirez la partie racornie des extrémités de la rhubarbe. Épluchez les tiges que vous jugez trop filandreuses.

2 Coupez la rhubarbe en tronçons réguliers et mettez-la dans une casserole à fond épais. Épluchez, épépinez et taillez les pommes en tranches. Ajoutez-les à la rhubarbe.

3 Saupoudrez de 1 cuillerée à café de gousse de vanille en poudre. Versez 10 cl d'eau et le sucre en poudre. Remuez avec une spatule en bois et laissez cuire 15 minutes.

4 Laissez refroidir la compote. Pendant ce temps, faites décongeler les framboises au micro-ondes. Écrasez-les grossièrement.

5 Dans des bols transparents, répartissez une couche de fromage blanc, puis une couche de compote. Recouvrez de framboises concassées. Saupoudrez du reste de gousse de vanille en poudre.

› Mon marché

Il existe deux saisons pour la rhubarbe : celle du printemps et du début de l'été où la rhubarbe est verte, plutôt acide, et celle de l'automne où elle a un aspect plus rose, voire violacé. Il est souvent nécessaire de sucrer la rhubarbe pour l'adoucir.

Préparation : 20 minutes | Cuisson : 15 minutes | Réalisation : facile | Coût : bon marché

Idéales après un repas copieux, les compotes sont toujours appréciées pour leur fraîcheur. Ajoutez du fromage blanc et des framboises concassées, et vous obtiendrez un dessert peu ordinaire.

Ma variante

Vous pouvez aussi servir la compote dans une assiette creuse, avec une faisselle de fromage blanc.

Cookies au chocolat *au lait*

Ingrédients
(pour 4 personnes)

80 g de beurre

1 œuf

80 g de sucre

1 sachet de sucre vanillé

150 g de farine

100 g de chocolat au lait

1 cuillère à café
de levure chimique

1 cuillère à café de sel

1 Une heure avant de vous mettre en cuisine, pensez à sortir le beurre du réfrigérateur.
Dans un saladier, fouettez le beurre avec le sucre, jusqu'à ce que le mélange soit crémeux.

2 Ajoutez l'œuf préalablement battu et le sucre vanillé. Mélangez le tout. À part, mélangez la farine, la levure et le sel, ajoutez-les dans le saladier.

3 Préchauffez le four à 180 °C (th. 6). Cassez le chocolat en carrés, puis chaque carré en quatre, à l'aide d'un petit couteau de cuisine bien aiguisé. Ajoutez-les au mélange. Remuez.

4 Placez une feuille de papier sulfurisé sur la plaque de cuisson et faites des tas de la taille d'une noix suffisamment espacés. Enfournez une dizaine de minutes.

5 Les cookies sont prêts quand ils sont blonds et encore souples. Laissez-les refroidir 2 minutes pour les raffermir avant de les déposer sur une grille pour les faire refroidir.

› Accompagnement

Servez avec une boule de glace à la vanille.

Préparation : 20 minutes | Cuisson : 10 minutes par fournée | Réalisation : facile | Coût : bon marché

Moelleux, légers… Osez la confection de cookies maison pour encore plus de saveur. Parfaits pour un week-end qui s'annonce des plus gourmands…

› Mon astuce

Pour gagner du temps, utilisez des pépites de chocolat du commerce. Les cookies se conservent deux jours dans une boîte en fer.

Crêpes *toutes simples*

Ingrédients
(pour 12 crêpes)

- 2 tasses de farine
- 2 œufs
- 2 paquets de sucre vanillé
- 3 tasses de lait
- 1 cuillère à café d'eau de fleur d'oranger
- 1 noisette de beurre
- 1 pincée de sel

1 À l'aide d'un fouet métallique, battez les œufs, le sucre vanillé et la pincée de sel. Ajoutez la farine peu à peu pour faciliter le mélange.

2 Fouettez jusqu'à ce que la pâte devienne homogène. Puis incorporez peu à peu le lait froid. Mélangez bien à nouveau.

3 Incorporez la noisette de beurre préalablement ramollie et la cuillerée d'eau de fleur d'oranger. Mélangez. La pâte est prête. Vous pouvez confectionner vos crêpes sans attendre le temps de repos habituel.

4 Huilez votre poêle, qui doit être bien chaude pour démarrer, à l'aide d'un pinceau de cuisine ou de papier absorbant.

5 Versez une demi-louche de pâte et faites cuire 2 minutes. Retournez la crêpe quand elle vous semble suffisamment dorée.

› Mon astuce

Pour une soirée crêpes improvisée mais très réussie, fourrez les crêpes de mousse au chocolat achetée toute faite et nappez-les de confiture de framboises. Ou encore une pâte à tartiner si vous n'avez pas de mousse sous la main.

Préparation : 10 minutes | Cuisson : 15 minutes | Réalisation : facile | Coût : bon marché

Comment faire plaisir à toute la famille en quelques minutes ?
En faisant virevolter quelques crêpes dans une poêle bien chaude.
Votre initiative apportera à coup sûr gaieté et bonne humeur dans la maison.

Ma variante

Pour un repas uniquement composé de crêpes, réalisez en parallèle une pâte à crêpes salée. Mettez les mêmes proportions que pour la pâte sucrée, retirez les paquets de sucre vanillé. Avant la cuisson des crêpes, allongez la pâte avec 1/2 verre d'eau. Une fois cuites, garnissez vos crêpes de fromage, de jambon, de saucisses de Francfort… et régalez-vous !

Croque-*choco-banane*

Ingrédients
(pour 4 personnes)

- 2 petites bananes mûres
- 150 g de chocolat
- 8 tranches de pain de mie
- 50 g de beurre mou + 10 g

1 Pensez à sortir le beurre du réfrigérateur au moins 1 heure à l'avance. Pelez les bananes et écrasez-les à la fourchette.

2 Coupez le chocolat en carrés. Beurrez les tranches de pain de mie. Déposez 4 d'entre elles sur une assiette, côté beurré en dessous. Recouvrez le dessus de bananes écrasées.

3 Répartissez 4 ou 5 carrés de chocolat sur les tranches de pain. Recouvrez-les des 4 tranches de pain restantes, face beurrée sur le dessus.

4 Si vous disposez d'une machine à croque-monsieur, faites cuire les croque-banane une dizaine de minutes. Sinon, faites chauffer une poêle anti-adhésive sur feu moyen.

5 Déposez les croque-banane dans la poêle avec une noix de beurre et faites-les dorer 4 minutes de chaque côté.

› Accompagnement

Servez avec un vin blanc liquoreux.

Préparation : 10 minutes | Cuisson : 8 minutes | Réalisation : facile | Coût : bon marché

Un dessert simplissime qui plaît à tous les coups. Une tablette de chocolat, deux bananes, du pain de mie, un peu de noix de coco et le tour est joué !

› Mon astuce

Utilisez du pain de mie blanc ou complet.
Vous pouvez ajoutez aux bananes écrasées 1 cuillerée à soupe de noix de coco en poudre.

Crumble aux pêches *et amandes*

Ingrédients
(pour 4 personnes)

1 kg de pêches jaunes

50 g de poudre d'amandes

100 g de farine

30 + 80 g de sucre roux

80 g de beurre

1 sachet de sucre vanillé

1 Plongez les pêches 1 minute dans une casserole d'eau bouillante afin de les peler facilement. Ouvrez-les, dénoyautez-les et coupez-les en tranches épaisses.

2 Mettez les pêches dans une casserole avec 30 g de sucre et 2 verres d'eau (inutile de les recouvrir complètement). Faites-les cuire à feu doux pendant 10 minutes.

3 Préchauffez le four à 180 °C (th. 6). Versez dans un saladier la farine, la poudre d'amande, le sucre roux, le sucre vanillé et le beurre mou. Mélangez le tout du bout des doigts.

4 La pâte à crumble doit être friable et sableuse. Beurrez un plat à gratin. Sortez les pêches du sirop à l'aide d'une écumoire et disposez-les dans le plat.

5 Répartissez la pâte sur toute la surface du plat de manière à recouvrir les pêches. Enfournez et laissez cuire 30 minutes environ, jusqu'à ce que le crumble soit doré. Servez tiède ou froid.

› Ma variante

Vous pouvez remplacer le sucre vanillé par 1 cuillerée à café de cannelle et la poudre d'amande par des amandes effilées que vous hacherez grossièrement. Ou encore par quatre macarons aux amandes, que vous effriterez dans la pâte.

Le crumble, simple à réaliser, peut varier au gré des saisons et des parfums. L'amande et la pêche se marient merveilleusement pour donner, somme toute, un dessert plutôt raffiné.

› Mon astuce

Le secret d'un crumble réussi consiste à bien mélanger les ingrédients : l'ensemble doit rester friable et non former une pâte. Crumble signifie « effriter, émietter ».

Crumble aux poires *et aux pommes*

Ingrédients
(pour 4 à 6 personnes)

- 3 pommes
- 4 poires
- 100 g de farine
- 50 g de poudre d'amande
- 80 g de sucre roux
- 80 g de beurre + 20 g
- 1/2 citron
- 1 pincée de sel

1 Dans un saladier, versez la farine, la poudre d'amande, le beurre coupé en morceaux, le sucre et le sel. Mélangez le tout du bout des doigts.

2 Vous devez obtenir une pâte grumeleuse et friable. Réservez-la. Préchauffez le four à 180 °C (th. 6). Épluchez les pommes et les poires, retirez le trognon et coupez-les en dés.

3 Dans une poêle, faites fondre le beurre et ajoutez le jus de citron. Versez les fruits et faites-les revenir 5 minutes en remuant.

4 Répartissez les fruits dans un plat à gratin et recouvrez toute la surface du plat de pâte à crumble.

5 Enfournez et laissez cuire 30 minutes. La pâte doit être croustillante et dorée. Si elle brunit en cours de cuisson, recouvrez le plat d'une feuille de papier d'aluminium. Servez tiède ou froid.

› Mon astuce

Vous pouvez préparer la pâte quelques heures à l'avance et la réserver au réfrigérateur. Vous pouvez aussi précuire les fruits, mais faites cuire le crumble juste avant de passer à table : il sera meilleur tiède, et il n'est pas conseillé de le faire réchauffer au risque de ramollir la pâte.

Préparation : 20 minutes | *Cuisson : 35 minutes* | *Réalisation : facile* | *Coût : bon marché*

Le crumble remporte toujours un vif succès grâce à sa pâte croustillante et à ses fruits fondants. L'accord des poires et des pommes est parfait.

› Mon marché

Utilisez des poires bien parfumées et bonnes pour la cuisson (Williams, Conférence ou Beurrée Hardy). Pour les pommes, préférez des reinettes ou des Canada. Les fruits doivent être sains et mûrs à point.

Fondants *au chocolat*

Ingrédients
(pour 4 fondants)

- 200 g de chocolat
- 8 morceaux de chocolat
- 3 œufs
- 80 g de beurre
- 80 g de sucre
- 2 cuillères de farine

1 Préchauffez le four à 180 °C (th. 6). Coupez la tablette de chocolat en morceaux. Dans un récipient allant au micro-ondes, faites-le fondre quelques instants.

2 Pendant ce temps, coupez le beurre en petits dés. Incorporez-le au chocolat à moitié fondu et mettez à nouveau au micro-ondes 1 minute.

3 Dans un saladier, mélangez le sucre et les œufs. Fouettez vivement avec un fouet métallique, jusqu'à ce que le mélange blanchisse. Ajoutez la farine.

4 Incorporez dans le saladier le mélange beurre-chocolat. Remuez. Beurrez et farinez quatre ramequins. Versez-y le tiers de la préparation.

5 Déposez 2 carrés de chocolat dans chaque ramequin. Recouvrez du reste du mélange. Mettez les ramequins au four 20 minutes : le cœur doit rester fondant. Dégustez tiède.

› Accompagnement

Servez avec une boule de glace à la vanille, à la framboise ou au nougat.

Pourquoi ne pas se laisser une fois encore fondre de plaisir pour une douceur au cœur vraiment craquant ? Un dessert qui nécessite très peu d'ingrédients et qui plaît à tous les coups.

Mon conseil

Riche en calcium, en magnésium et en fer, le chocolat est bon pour la santé…et pour le moral. Il contient en effet des substances chimiques toniques qui stimulent le système nerveux central, améliore les performances musculaires et les réflexes, et lutte contre le stress et les états dépressifs. En bref, le chocolat a une action double de procurer du bien-être mais aussi de nous stimuler.

Mousse au chocolat *légère*

Ingrédients
(pour 4 personnes)

- 200 g de chocolat pâtissier
- 3 blancs d'œufs
- 1 pincée de sel
- 4 feuilles de menthe ou décor au choix

1 Cassez le chocolat en morceaux et faites-le fondre au bain-marie ou dans un bol 1 minute au four à micro-ondes avec 1 cuillerée à soupe d'eau.

2 Dès que le chocolat est fondu, battez-le vivement à l'aide d'une spatule. Cassez les œufs en séparant les blancs des jaunes. Ajoutez 1 pincée de sel aux blancs.

3 Battez les blancs en neige très ferme. Dans un saladier, versez le chocolat de manière qu'il tiédisse et incorporez très progressivement les blancs en neige.

4 Mélangez délicatement avec la spatule en soulevant les blancs dans un mouvement circulaire de haut en bas pour ne pas les casser. Répartissez la mousse dans des ramequins.

5 Lavez et séchez les feuilles de menthe et décorez-en chaque ramequin. Réservez au réfrigérateur pendant 3 heures. Sortez la mousse au moment de servir.

› Accompagnement

Il existe plusieurs manières de parfumer et de décorer cette mousse selon les époques et les circonstances. En saison, ajoutez quelques framboises et saupoudrez d'un peu de noix de coco en poudre.

Préparation : 15 minutes | Cuisson : 3 heures | Réalisation : facile | Coût : bon marché

Cette recette, avec juste du chocolat et des blancs d'œufs, est moins riche qu'une mousse traditionnelle et tout aussi bonne.

› Mon marché

Choisissez du chocolat pâtissier de qualité. On trouve du chocolat noir à fort pourcentage en cacao qui plaira sans nul doute aux amateurs. Toutefois, avec cette recette légère, un chocolat standard ou au lait peut très bien faire l'affaire.

Mousse *aux framboises*

Ingrédients
(pour 4 personnes)

- 500 g de framboises surgelées
- 5 feuilles de gélatine
- 50 g de sucre
- 30 cl de crème fraîche fleurette

1 Faites ramollir quelques minutes les feuilles de gélatine dans un petit bol d'eau froide. Pendant ce temps, mettez à part quelques framboises entières pour la décoration.

2 Faites décongeler les autres framboises au micro-ondes au moins 15 minutes en position décongélation. Remuez et, au besoin, poursuivez la décongélation quelques minutes supplémentaires.

3 Égouttez la gélatine et mettez-la dans un peu d'eau chaude pour qu'elle fonde. Dans un bol mixeur, mettez les framboises et le sucre. Battez et versez le mélange dans un saladier.

4 Au robot, montez une chantilly en fouettant la crème fraîche quelques minutes jusqu'à ce qu'elle soit ferme. Ajoutez-la aux framboises avec la gélatine fondue. Liez bien le tout.

5 Versez dans des ramequins individuels, décorez avec les framboises entières que vous avez mises de côté et mettez au frais.

› Accompagnement

Très fragiles, elles ne se conservent pas plus de deux jours dans leur emballage. Évitez de trop les laver, car l'eau a tendance à les ramollir. Sucrez-les très légèrement si vous voulez les conserver une journée de plus. Elles supportent parfaitement la congélation, nature ou sous forme de coulis.

Préparation : 20 minutes | Cuisson : 3 heures | Réalisation : facile | Coût : bon marché

Un dessert léger et simplissime qui plaira aux plus gourmets de vos invités. L'idéal est de réaliser la mousse la veille. Dans tous les cas, n'oubliez pas de la laisser prendre au réfrigérateur pendant plusieurs heures.

Mon astuce

Pas facile de monter une chantilly ? Utilisez un fixateur pour chantilly. Procédez selon les instructions du fabricant. Dans la plupart des cas, vous pouvez diminuer de moitié la dose de fixateur, car son pouvoir fixant est tel qu'il peut faire coaguler la crème.

Pain d'épices léger *et facile*

Ingrédients
(pour 6 à 8 personnes)

250 g de farine

1/2 sachet de levure chimique

125 g de miel

20 cl de lait

100 g de sucre

1 cuillère à café de gingembre et de cannelle

2 étoiles de badiane

sel

beurre pour le moule

1 Préchauffez le four à 180 °C (th. 6). Beurrez un moule à cake. Faites chauffer le lait dans une casserole.

2 Lorsque le lait est chaud, versez-y 1 pincée de sel et les épices et laissez infuser 10 minutes. Ajoutez le miel et le sucre dans la casserole en remuant jusqu'à ce qu'ils soient dissous.

3 Dans un saladier, versez la farine et la levure. Creusez un puits au centre. Incorporez le lait petit à petit en remuant avec une cuillère en bois.

4 Versez la pâte dans le moule. Enfournez et laissez cuire de 45 minutes à 1 heure. Vérifiez la cuisson avec la pointe d'un couteau, qui doit ressortir sèche.

5 Si le dessus brunit trop, couvrez le pain d'épices de papier d'aluminium. Sortez-le du four, attendez 10 minutes avant de le démouler et laissez-le refroidir sur une grille.

› Ma variante

Vous pouvez ajouter 1 cuillerée à café de quatre-épices et un peu de cannelle. Ou, par exemple, du gingembre frais râpé ou du gingembre confit en fines lamelles. Comme en Alsace, vous pouvez décorer le pain d'épices avec du gros sucre en grains : saupoudrez-en la surface du moule avant de l'enfourner.

Préparation : 15 minutes | *Cuisson : 45 minutes à 1 heure* | *Réalisation : facile* | *Coût : bon marché*

Le pain d'épices se déguste à toute heure, nature, tartiné de beurre ou pour accompagner une crème, une glace ou des fruits. Vous apprécierez sa légèreté et sa saveur maison.

› Mon astuce

Conservez le pain d'épices emballé dans de l'aluminium. Consommez-le au bout de trois jours, un peu rassis, il sera encore meilleur, car tous les arômes auront le temps de s'exhaler.

Poires caramélisées *et sorbet au chocolat*

Ingrédients
(pour 4 personnes)

- 4 poires
- 40 g de beurre
- 2 cuillères à soupe de miel liquide
- 1 gousse de vanille
- 50 g d'amandes effilées
- 4 boules de sorbet au chocolat
- 4 cigarettes russes

1 Pelez délicatement les poires, débarrassez-les de leur queue et de leurs pépins et coupez-les en quatre.

2 Faites fondre le beurre dans une sauteuse à feu doux et mettez doucement les quartiers de poire à dorer. Fendez la gousse de vanille en deux.

3 À l'aide d'une petite cuillère, grattez les grains de vanille sur les poires. Arrosez de miel et poursuivez la cuisson 3 minutes en retournant délicatement les poires.

4 Sortez les poires avec une écumoire et disposez les quartiers en étoile sur des assiettes à dessert. Arrosez de jus au miel. Faites griller les amandes à la poêle.

5 Saupoudrez les poires d'amandes. Confectionnez 4 boules de sorbet au chocolat, mettez-les au milieu de chaque assiette et plantez les cigarettes russes dedans. Servez tiède.

› Accompagnement

Une belle poire mûre se reconnaît à son arôme. Elle doit être ferme mais souple au toucher. Choisissez les variétés en fonction des saisons. Parmi les poires d'été, la Guyot, de juillet à septembre, la Williams, d'août à octobre, parmi celles d'automne, la Beurrée Hardy, de septembre à novembre, la Conférence d'octobre à avril, et parmi celles d'hiver, la Passe-crassane, de décembre à avril.

Préparation : 10 minutes | *Cuisson : 10 minutes* | *Réalisation : facile* | *Coût : bon marché*

Un dessert gourmand et gourmet très léger à réaliser en 10 minutes au dernier moment.

› Ma variante

Proposez des poires au chocolat fondu. Faites pocher 4 poires entières épluchées, couvertes aux 2/3 d'eau avec 80 g de sucre en poudre, jusqu'à ce qu'elles deviennent presque translucides. Laissez-les refroidir dans leur sirop. Au bain-marie, faites fondre 200 g de chocolat avec 10 cl de crème fraîche liquide. Dressez les poires dans des verrines, nappées de sauce au chocolat.

Salade de fruits rouges *arrosée*

Ingrédients
(pour 4 à 6 personnes)

- 450 g d'un mélange de fruits rouges surgelés
- 500 g de fraises
- 150 g de sucre
- 1 sachet de sucre vanillé
- 1 citron
- 2 brins de menthe fraîche
- de 20 à 30 cl de champagne ou de vin blanc moelleux

1 Versez le mélange de baies et de fruits rouges surgelés dans un saladier pour le faire décongeler. Pressez le citron pour en extraire le jus.

2 Lavez rapidement les fraises, égouttez-les, équeutez-les et coupez-les en deux ou en quatre selon leur taille. Ajoutez-les aux fruits rouges dans le saladier.

3 Saupoudrez les fruits de sucre et de sucre vanillé et arrosez-les de jus de citron. Mélangez soigneusement en faisant bien attention de ne pas abîmer les fruits.

4 Couvrez le saladier de film alimentaire et mettez-le au réfrigérateur au moins 1 heure avant de servir. Lavez et séchez les feuilles de menthe. Ciselez-les.

5 Au moment de servir, répartissez les fruits dans des coupes, arrosez-les de vin ou de champagne très frais et parsemez-les d'un peu de menthe ciselée.

› Ma variante

Si vous trouvez dommage d'utiliser du champagne pour arroser une salade de fruits, prenez du crémant ou du mousseux, ou encore un vin blanc d'Alsace, du vouvray ou du muscat.

Voici une salade de fruits très chic, vraiment très simple et très rapide à préparer. Selon l'occasion, vous pourrez proposer une présentation plus ou moins sophistiquée.

› Mon astuce

Comment procéder pour givrer des verres ? Versez du sirop de grenadine dans une soucoupe et du sucre en poudre dans une autre. Trempez le bord des verres dans le sirop, puis dans le sucre, et mettez les verres au réfrigérateur afin de les servir bien glacés.

Tarte feuilletée *aux abricots*

Ingrédients
(pour 4 personnes)

- 1 pâte feuilletée
- 600 g d'abricots surgelés
- 50 g de pistaches
- 3 cuillères à soupe de sucre roux
- 30 g de beurre

Pour le sirop :

- 1 anis étoilé
- 50 g de sucre
- 6 cl d'eau

1 Faites décongeler les abricots dans le réfrigérateur 3 heures. Préchauffez le four à 210 °C (th. 7). Étalez la pâte dans un moule à tarte généreusement beurré.

2 Essuyez les abricots et disposez-les sur la pâte à tarte, côté bombé au-dessus. Serrez-les bien les uns contre les autres, car ils vont réduire de volume en cuisant.

3 Coupez le beurre en petits dés et parsemez-les au-dessus des abricots. Saupoudrez de sucre roux et enfournez 30 minutes.

4 20 minutes avant la fin de la cuisson, préparez le sirop : dans une casserole à fond épais, faites réduire l'eau avec le sucre et l'anis étoilé, jusqu'à l'obtention d'un sirop épais. Retirez l'anis.

5 Sortez la tarte du four. Badigeonnez les abricots de sirop avec un pinceau et parsemez-les de pistaches. Servez tiède dans le plat à tarte.

› Accompagnement

Proposez une boule de glace à la vanille.

Une tarte fine aux abricots est toujours appréciée en fin de repas. Il en existe de nombreuses variantes… En voici une très simple, avec un sirop parfumé à l'anis en touche finale.

Mon astuce

Si vous n'avez pas le temps de faire un sirop, remplacez-le par 4 cuillerées à soupe de confiture d'abricots, que vous étalerez sur la pâte avant d'ajouter les abricots. Remplacez les pistaches par des amandes effilées ou, plus original, par 1 cuillerée à café de grains de lavande… Un vrai délice.

Tatin de poires *aux épices*

Ingrédients
(pour 4 personnes)

- 1 pâte feuilletée prête à l'emploi
- 1,2 kg de poires
- 100 g de beurre
- 100 g de sucre roux
- 1 sachet de sucre vanillé
- 2 pincées de cannelle
- 1 pincée de gingembre en poudre

1 Préchauffez le four à 210 °C (th. 7).
Pelez les poires. Coupez-les en quatre et retirez le cœur et les pépins. Beurrez un moule à manqué avec la moitié de beurre.

2 Mettez le sucre dans un bol, ajoutez le sucre vanillé, la cannelle et le gingembre et mélangez le tout. Saupoudrez le fond du moule de la moitié du sucre épicé.

3 Disposez les quartiers de poires dans le moule en les serrant les uns contre les autres. Répartissez des petits morceaux de beurre et saupoudrez du reste du sucre épicé.

4 Déroulez la pâte et déposez-la sur les poires. Découpez-la autour du moule en laissant 1 cm de débord. À l'aide d'un couteau et de vos doigts, rentrez la pâte vers l'intérieur.

5 Enfournez et laissez cuire 30 minutes. Retournez la tarte tatin sur la plaque à pâtisserie. Au moment de servir, passez-la 5 minutes sous le gril du four. Servez tiède.

› Accompagnement

Servez avec de la glace au caramel ou de la crème anglaise.

Depuis sa création par les sœurs Tatin, cette tarte cuite renversée connaît des variantes pour le plus grand plaisir des gourmands. Son intérêt : des fruits moelleux et caramélisés. L'ajout d'épices est un atout de plus.

› Mon astuce

Le passage sous le gril n'est pas obligatoire, mais il arrive que les poires rendent du jus. Dans ce cas, cela permet de réduire le jus et de caraméliser les poires.

Tiramisu *aux fruits rouges*

Ingrédients
(pour 4 personnes)

- 8 biscuits roses de Reims
- 250 g de fraises
- 250 g de framboises
- 100 g de sucre
- 3 œufs
- 300 g de mascarpone
- 100 g de crème fraîche allégée
- 2 cuillères à soupe de kirsch
- 50 g de pistaches nature

1 Rincez rapidement les fraises, égouttez-les, équeutez-les et coupez-les en quatre. Mettez-les dans un saladier avec les framboises et saupoudrez-les de la moitié du sucre.

2 Cassez les œufs en séparant les blancs des jaunes. Mettez les jaunes dans un saladier et battez-les avec le reste du sucre. Ajoutez le mascarpone et la crème. Fouettez le tout.

3 Dans un autre saladier, montez les blancs d'œufs en neige ferme. Incorporez-les délicatement à la crème en soulevant la pâte.

4 Versez le kirsch avec autant d'eau dans une assiette creuse et faites-y tremper rapidement les biscuits. Prenez quatre coupes à glace et placez deux biscuits dans chacune. Versez quelques fruits dans le fond.

5 Recouvrez les fruits d'une large couche de crème. Ajoutez encore quelques fruits. Réservez au frais au moins 4 heures. Au moment de servir, parsemez de pistaches nature écrasées.

› Mon astuce

Les biscuits roses de Reims forment un bel accord avec les fruits rouges, mais, traditionnellement, on utilise des biscuits à la cuillère, que vous pouvez également remplacer par des macarons.

Préparation : 20 minutes | Cuisson : 3 heures | Réalisation : facile | Coût : bon marché

Le tiramisu est un dessert d'origine italienne dont le nom signifie « Remonte-moi ». Autrement dit, c'est un vrai remontant… et, avec les fruits rouges, c'est à rougir de plaisir.

› Ma variante

Pour une version sans alcool, utilisez 1 cuillerée à soupe de sirop de grenadine ou de sirop de fraise délayé dans un peu d'eau.

Index